Tobias Alf, Christian Hühn, Birgit Zürn, Friedrich Trautwein (Hrsg.)

Planspiele – Anders denken

ZMS-Schriftenreihe

Band 12

Die Schriftenreihe des Zentrums für Managementsimulation (ZMS) der Dualen Hochschule Baden-Württemberg Stuttgart fördert Innovationen rund um die Planspielmethode.

Die Veröffentlichung dieses Bandes erfolgte in Kooperation mit der SAGSAGA, der Gesellschaft für Planspiele in Deutschland, Österreich und Schweiz e. V..

ISSN: 2192-7502

Unser Dank gilt dem „Verein der Freunde und Förderer der DHBW Stuttgart e.V." für die finanzielle Unterstützung des Drucks.

FREUNDE UND FÖRDERER
DHBW STUTTGART

DHBW
Duale Hochschule
Baden-Württemberg
Stuttgart

Zentrum für
Management
Simulation

Swiss Austrian German
Simulation and Gaming
Association

Tobias Alf, Christian Hühn, Birgit Zürn, Friedrich Trautwein (Hrsg.)

Planspiele – Anders denken

Kreative Ansätze, gelebte Wissenschaft

Bibliografische Informationen der Deutschen Nationalbibliothek

Die Deutsche Nationalbibliothek verzeichnet diese Publikation in der Deutschen Nationalbibliografie; detaillierte bibliografische Daten sind im Internet über *http://dnb.d-nb.de* abrufbar.

Tobias Alf, Christian Hühn, Birgit Zürn, Friedrich Trautwein (Hrsg.):

Planspiele – Anders denken: Kreative Ansätze, gelebte Wissenschaft / Tobias Alf, Christian Hühn, Birgit Zürn, Friedrich Trautwein (Hrsg.). –

Norderstedt: Books on Demand GmbH, 2020

(ZMS-Schriftenreihe ; Bd. 12)

ISSN 2192-7502

ISBN 978-3-7526-9007-1

Lektorat: Tobias Alf, Christian Hühn, Birgit Zürn

Layout und Satz: Isabella Fischer, Sebastian Schwägele

Umschlaggestaltung: Sebastian Schwägele

Herstellung und Verlag: BoD - Books on Demand, Norderstedt

Inhaltsverzeichnis

Vorwort der Herausgebenden

Die Planspielmethode ist in vielen Kontexten wie Bildung, Beratung und Forschung fest verankert und insofern ein etabliertes „Denkmal". Dennoch ist sie nicht in Stein gemeißelt, sondern muss sich stets wieder neu erfinden. Themen wie Agilität, Digitalisierung, Interprofessionalität und neue Arbeitswelten erfordern es, die Methode neu zu denken, neue Formate auszuprobieren und den Einsatz weiterzuentwickeln. Die hiermit verbundene Diskussion stand im Fokus des Planspielforums 2019 und ist Inhalt dieses Bandes.

Das Europäische Planspielforum findet bereits seit über 30 Jahren statt. Ziel des Planspielforums ist es, die Variantenvielfalt der Planspielmethode in verschiedenen Formaten zu präsentieren, zukünftige Entwicklungen aufzuzeigen und gemeinsam mit anderen Planspielenden zu Einsatz- und Anwendungsmöglichkeiten ins Gespräch zu kommen. Das Planspielforum soll Personalverantwortliche, Trainer*innen, die mit Planspielen arbeiten, Planspielentwickler*innen sowie Vertreter*innen der Wissenschaft gleichermaßen ansprechen. Zudem ist das Planspielforum die Plattform für die Verleihung des Deutschen Planspielpreises. Veranstalter des Europäischen Planspielforums ist die SAGSAGA – Gesellschaft für Planspiele in Deutschland, Österreich und der Schweiz e. V. Organisiert wird das Planspielforum durch das Zentrum für Managementsimulation (ZMS) der DHBW Stuttgart. Das gemeinsame Know-How beider Institutionen ist dabei die Grundlage für den Blick auf die Innovationen und den Facettenreichtum der Methode.

Zu jedem Planspielforum gibt es im Nachgang auch einen Band der ZMS-Schriftenreihe. Dieser nun vorliegende Band ist bereits die zwölfte Ausgabe. Dabei wird den Referierenden des Forums die Möglichkeit gegeben, einen Artikel über ihre Forschungsaktivitäten bzw. Themenfelder, an denen sie gerade arbeiten, einer breiten Öffentlichkeit zugänglich zu machen.

Die qualitative Evaluation von Planspielen ist Thema des Beitrags von **Susann Zeiner-Fink, Silke Geithner und Angelika C. Bullinger**. Mittels Storytelling- und Bild-Interviews werden verschiedene Planspielelemente untersucht und gezeigt, dass mit partizipativen Methoden Erkenntnisse generiert werden können, die in einer vorstrukturierten und standardisierten Befragung möglicherweise verloren gehen würden.

Maria Freese, Heide K. Lukosch und Simon Tiemersma untersuchen, wie Elemente aus Unterhaltungsspielen zu Lernzwecken eingesetzt werden können. Aufgrund der Analyse der Spielmechanismen von „Ohne Furcht und Adel" werden ausgewählte Mechanismen auf das Planspiel „MachiaCELLi" übertragen sowie Lernmechanismen angepasst und eine Debriefing-Phase konzipiert.

Michael Dietrich arbeitet häufig mit Rollenspielen im Planspiel. Neben der Funktion der allgemeinen Auflockerung lassen sich durch die szenische Darstellung und den dadurch angestoßenen Dialog Perspektivenwechsel vollziehen. Er berichtet in seinem Artikel, wie Rollenspiele im Planspiel gewinnbringend eingesetzt werden können.

Im Beitrag von **Torsten Forberg** geht es um die Konzeption, Kommunikation und Umsetzung von Wirtschaftssimulationen. Anhand eines Fishbone-Spider-Diagramms werden praktische Problemfelder systematisiert und didaktische Erkenntnisse eruiert. Lessons Learned und Best Practices geben Impulse für Lehrende, damit Planspiele erfolgreich gestaltet werden können.

Das Planspiel GLOBE ist ein multinationales Planspiel zur virtuellen Zusammenarbeit in einer Krisensituation. **Markus Bresinsky und Florian von Reusner** stellen das Planspiel vor, das modular adaptiv die Themen digitaler Kommunikation und das Führen virtueller Teams in einem politik-relevanten Handlungsfeld vermittelt. Das Planspiel wird in Kooperation mit internationalen Partneruniversitäten, Organisationen und Experten durchgeführt.

Stephan Rometsch setzt LEGO® Serious Play ein, um Studierende mit den Themeninhalten ihrer bevorstehenden Bachelorarbeit vertraut zu machen. Auf Basis eines individuellen Legomodells wird die Fragestellung ihrer bevorstehenden Arbeit diskutiert und über die Inhalte der Arbeit zu beraten. Dabei wird ganz bewusst die haptische Modellbildung einer herkömmlichen (Power-Point-) Präsentation vorgezogen.

Siegfried Zürn hat zusammen mit einer Studierendengruppe an der Hochschule Esslingen ein haptisches Planspiel zur Klausurvorbereitung in Veranstaltungen zum Qualitätsmanagement entwickelt. Die gelernte Theorie findet unmittelbar eine praktische Anwendung und durch die Diskussion mit den anderen Spielenden ergibt sich ein unmittelbares Feedback zu den eigenen Ideen im Sinne eines Peer Learnings.

Und schließlich geht **Rebecca Wolff** der Fragestellung nach, inwieweit Industrie 4.0 und Digitalisierung über innovationsvermittelnde Lehrveranstaltungen in Unternehmen implementiert werden können. Im Beitrag werden das Workshop-Konzept einer Digitalisierungsveranstaltung für Industrieunternehmen erläutert und die Evaluationsergebnisse vorgestellt.

Wir wünschen Ihnen eine gute Lektüre sowie zahlreiche Impulse und Denkanstöße – vielleicht auch einmal in eine andere Richtung als geplant.

Stuttgart, im Dezember 2020
Tobias Alf, Christian Hühn, Birgit Zürn und Friedrich Trautwein

Qualitative Evaluation von Planspielen

„Dort, wo wir gespielt haben, ging es 100 Meter quer durchs Gebäude, das heißt, es war wirklich ‚Russland'!"

Susann Zeiner-Fink, Silke Geithner, Angelika C. Bullinger-Hoffmann

In der Planspielforschung finden qualitative Evaluationsmethoden bisher kaum Anwendung, weil sie für die Forscher einen relativ hohen Aufwand in der Konzeption des Evaluationsdesigns, bei der Datenerhebung (z. B. Interviews mit den Teilnehmenden) und bei der Datenauswertung (z. B. Analyse von Bild- und Videodaten) bedeuten. Sie ermöglichen jedoch die Identifikation unbekannter Einflussfaktoren im Spielgeschehen, die in der Anwendung standardisierter quantitativer Verfahren (z. B. Fragebogen zur Zufriedenheit) übersehen werden können. Anhand eines exemplarischen Planspiels wird im Beitrag ein Vorgehen vorgestellt, das mittels Storytelling- und Bild-Interviews verschiedene Planspielelemente untersucht. Diese Studie leistet einen Beitrag zur qualitativen Erforschung von Planspielen, indem gezeigt wird, dass mit partizipativen Methoden Erkenntnisse generiert werden können, die in einer vorstrukturierten und standardisierten Befragung möglicherweise verloren gehen würden.

In the field of simulation research qualitative evaluation methods are rarely used because they require a high effort for the researchers in the design of the evaluation design, in data collection (e.g. interviews with the participants) and in data analysis (for example analysis of image and video data). However, they allow the identification of unknown influencing factors of a game, which can be overlooked in the application of standardized quantitative methods (for example questionnaires of satisfaction). Based on an exemplary simulation game, the article presents an approach that uses storytelling and participator sketching interviews to examine game elements. Thus, this study contributes to the qualitative research of simulation games by showing that these participative methods can generate insights that could possibly be lost in a pre-structured and standardized survey.

1. Qualitative Evaluation von Planspielen – eine etablierte Forschungsmethode im neuen Forschungsfeld

Aufgrund der vielfältigen Einsatzmöglichkeiten und des potenziell hohen Wirkungsgrades werden Planspiele als Methode der Kompetenzentwicklung positiv in der Literatur diskutiert (z. B. Schwägele 2016; Kriz, Auchter 2016). Vermeintlich knappe finanzielle, personelle und zeitliche Ressourcen in den Unternehmen sowie die aufwändige Durchführung, Konzipierung und Planung kontextspezifischer Planspiele verhindern jedoch, dass diese als Lernmethode in Unternehmen fest etabliert sind. Dies hat neben den Ressourcenargumenten zwei weitere wesentliche Ursachen: Erstens wird der Berücksichtigung unternehmensrelevanter Situationen und Herausforderungen bei der Konzeption und Durchführung von Planspielen noch zu wenig Aufmerksamkeit geschenkt. Planspiele „von der Stange" treffen selten adäquat die Bedarfe der Unternehmen, eine kontextspezifische Adaption ist allerdings mit einem hohen Aufwand verbunden. Zweitens mangelt es an überzeugenden Evaluationsstudien, die den Mehrwert von Planspielen sowohl als Form der partizipativen Arbeitsgestaltung als auch als lebensbegleitende Qualifizierungsmaßnahme überzeugend aufzeigen. Obwohl eine große Anzahl an Unternehmensplanspielen besteht, sind diese selten systematisch evaluiert und gelten somit als wissenschaftlich nicht abgesichert (vgl. Trautwein 2011; Kriz, Auchter 2016). Unklar ist, welche Designelemente eines Planspiels das nachhaltige Lernen der Teilnehmenden tatsächlich beeinflussen. Anders formuliert: Um zu überzeugen, müssen Planspiele auf unternehmensrelevante Kontexte abgestimmt sein und ihren Nutzen in Bezug auf die Kompetenzentwicklung der Teilnehmenden adäquat nachweisen können (vgl. Schulz, Regber 2009; Trautwein 2011). Doch wie können diese Wirkungs- und Kausalzusammenhänge in Planspielen überprüft werden? Ein Nachteil von quantitativer Forschung ist, dass sie der Komplexität und der Spezifität einer Situation nicht immer gerecht wird (vgl. Gläser-Zikuda 2008). Eine Möglichkeit dieser Problematik zu begegnen, ist die Implementierung von qualitativ partizipativen Methoden in das Evaluationsdesign, die die Teilnehmenden bei der Erhebung der Daten in den Mittelpunkt stellen. Durch die aktive Beteiligung aller Untersuchungsteilnehmenden an der Evaluation kann deren Akzeptanz und Unterstützung bei der Durchführung gewährleistet werden. Gerade bei der Analyse von prozessbezogenen Daten sind qualitative Methoden der Sozialforschung besonders geeignet (vgl. Stockmann 2006). Zudem erlauben partizipative Evaluationsmethoden Einblicke in die subjektive Erfahrungswelt der Beteiligten und geben Rückschlüsse auf deren kognitiven und affektiven Erfahrungshintergrund. Sie unterstützen den Prozess der Datengenerierung und setzen die Evaluationsergebnisse in ihren Entstehungskontext (vgl. Singhal, Durá, Felt 2011). Qualitative Forschung hat in der empirischen Sozialforschung eine lange Tradition und hat sich mit ihrer Vielfalt in Bezug auf Methoden der Datenerhebung und -analyse als Forschungsansatz etabliert (vgl. Mayring 2002; Flick 2006; Lamnek 2010). Allerdings lassen sich bisher nur wenige explizit partizipative Erhebungsmethoden finden, die bereits im Forschungsfeld der Planspielevaluation eingesetzt wurden (vgl. Kriz, Auchter 2016). Daher werden in diesem Beitrag die zwei partizipativ qualitativen Methoden des Storytelling- und des Bild-Interviews beispielhaft vorgestellt. Anhand eines Fallbeispiels wird deren Einsatz exemplarisch aufgezeigt. Der thematische Fokus der Evaluation liegt auf den Designelementen des Planspiels, die den Lernprozess und die Nachhaltigkeitswirkung von Planspielen positiv beeinflussen können.

2. Geschichten und Bilder als partizipative Evaluationsmethoden

Im folgenden Kapitel werden die Methoden, welche zur Erhebung des Erfahrungswissens der Teilnehmenden im hier betrachteten Planspiel eingesetzt wurden, vorgestellt. Diese sind im Vergleich zu nicht-partizipativen für eine qualitative Evaluation besonders geeignet, weil sie die subjektive Wahrnehmung der Teilnehmenden in den Fokus rücken und eine aktive Beteiligung am Evaluationsprozess ermöglichen. Auch wenn ein grundsätzliches Thema bzw. eine Fragestellung durch den Evaluationskontext gesetzt ist, entscheidet nicht der Forscher, sondern die Teilnehmenden, welche Geschichte erzählt oder welches Bild gemalt wird.

2.1 Die Welt der Geschichten – das Storytelling-Interview

Durch die traditionelle Methode des Geschichtenerzählens werden beim Zuhörer imaginäre Bilder erzeugt. Das emotionale Miterleben des Erzählten führt dazu, dass die Geschichten erleb- und begreifbar werden (vgl. Gálvez 2009). Es können Ansichten, Ängste und Erfahrungen geäußert und so Themenfelder angesprochen werden, die andernfalls verborgen bleiben würden (vgl. Thier 2004). Zudem werden Hintergründe erläutert, die eine Übertragung erleichtern sowie Wissenstransfer und Reflexion anregen (vgl. Frenzel et al. 2006). Ziel der Methode ist es, Erfahrungen aus unterschiedlichen Perspektiven zu erfassen und aufzubereiten und so ein gemeinsames Verständnis zu schaffen (vgl. Kleiner, Roth 1997). Wichtig ist hierbei, dass die Interviewform zu Beginn erläutert wird, sodass sich die Untersuchungsperson auf die Erzählsituation einstellen kann. Der Interviewende übernimmt die Rolle des aktiven

Zuhörenden, damit sich das Potential und die Effekte von Geschichten frei entfalten können. Erst im Anschluss an die Erzählung werden mittels eines narrativen Frageteils Erläuterungen zur Geschichte erfragt (vgl. Flick 1999). Beim Storytelling wird somit eine gemeinsame Geschichte der Untersuchungspersonen und des Forschenden erzählt: Durch die Auswahl relevanter Fakten, Hypothesen, Interpretationen und Zitate werden die Erzählungen der Untersuchenden durch den Forschenden zu einer gemeinsamen Geschichte aufbereitet und für alle Beteiligten zugänglich gemacht (vgl. Thier 2004). Durch die Veröffentlichung und Verbreitung der Geschichte(n), können Erkenntnisse, Folgerungen und Lehren erschlossen und Lernprozesse initiiert werden (vgl. Kleiner, Roth 1996). Das heißt, beim Storytelling entsteht ein Prozess, der offenes Erzählen und aktives Zuhören eng miteinander verbindet (vgl. Frenzel et al. 2006). Daher eignet sich das Storytelling gerade bei der Evaluation von Planspielen, da hier der gesamte Spielprozess noch einmal wiedergegeben und reflektiert werden kann, ohne durch direktes Befragen beim Einstieg in das Interview bestimmte Spielaspekte oder Vorkommnisse vorwegzunehmen.

Durch das Storytelling wird somit ein umfassender und strukturierter Zugang zur Erfahrungswelt des Erzählenden eröffnet (vgl. Flick 1999). Das Verstehen von Zusammenhängen sowie die Nachhaltigkeit des Lernens werden begünstigt (vgl. Frenzel et al. 2006). Ein gemeinsames Verständnis und ein Zugang zu schwer zugänglichem impliziten Wissen wird somit gefördert (vgl. Thier 2004). Im Bereich der Evaluationsforschung wird die narrative Methode des Storytellings bislang noch wenig eingesetzt u.a., weil sie als sehr aufwändig gilt (vgl. Kleiner, Roth 1996; Thier 2004, 2017; Schach 2017). In diesem Beitrag wird jedoch gezeigt, dass durch eine strukturierte Herangehensweise der Einsatz in der Planspielforschung lohnenswert ist.

2.2   Die Welt der Bilder – das Bild-Interview

Die Nutzung von Zeichnungen als Erhebungsinstrument ist in der Literatur der qualitativen Sozialforschung bisher nur selten zu finden. Ebenso sind erkenntnistheoretische Herangehensweisen zur Bildanalyse oder Bild-Interpretation selten. Dennoch nimmt die visuelle Datenerhebung in den letzten Jahren zunehmend Einfluss auf die qualitative Sozialforschung: Einige Belege finden sich u. a. im Einsatz von Kinderzeichnungen oder im „Participatory Sketching" (vgl. Neuss 2005; Uhlig 2008; Singhal et al. 2011).

In der Erkenntnis- und Bildungstheorie galt das bildhafte Denken lange Zeit als nicht ausreichend entwickelt, als zu einfach oder als infantil, sodass ihm wenig oder keine Bedeutung zugesprochen wurde. Mit Hilfe von Bildern kann jedoch das ‚Unausdrückbare' seinen Ausdruck finden. Durch Farben, Formen, Kontraste, Perspektiven und Strukturen können Gefühle deutlicher als mit sprachlichen Mitteln visualisiert werden. Die nonverbale Artikulation der Bilder muss jedoch erst in eine allgemein verständliche Sprache übersetzt werden. Das Bildverständnis entsteht daher erst durch die zugeschriebene Bedeutung des Betrachtenden, indem das eigene Vorverständnis einbezogen wird (vgl. Neuss 2005). Für die Bildinterpretation sind individuelle, soziokulturelle und geschichtliche Zusammenhänge zu berücksichtigen, da in Bezug auf das Verstehen die implizierte Bedeutung die des Künstlers übersteigen kann (vgl. Uhlig 2008). Für die Bildinterpretation ist daher die Bildhermeneutik ein geeignetes Instrumentarium, die an bereits bestehende Konzepte der Kunstsoziologie, -historik oder -pädagogik anknüpft (vgl. Neuss 2005; Sowa, Uhlig 2006; Uhlig 2008). Zudem ist eine qualitativ-kommunikative Herangehensweise notwendig. Diese kann eingesetzt werden, indem beim Verstehen und Interpretieren von Zeichnungen eine Befragung der Untersuchenden zum Bild ergänzt wird. Die Zeichnungen werden somit zu Bedeutungsträgern, da die Bilder im Gesamtzusammenhang betrachtet werden und die Perspektive des Zeichnenden in den Vordergrund der Betrachtungsweise rückt (vgl. Neuss 2005).

Während des Prozesses der Bildentstehung setzt sich die Untersuchungsperson intensiv mit der gestellten Fragestellung auseinander. In Abhängigkeit zur Aufgabenstellung entsteht ein Bild, dass entsprechend der Zeichenkompetenz des Erstellenden visuell reflektiert und akzentuiert wird. Der Zeichenprozess soll dabei unabhängig von zeitlichem Druck und zeichnerischem Können der Probanden erfolgen. Dadurch wird ein Reflexionsraum geschaffen, in dem kein Erzähldruck entsteht. Für den Forschenden wird die subjektive Intension sichtbar und der Bedeutungsinhalt interpretierbar (vgl. Singhal, Greiner 2006; Singhal et al. 2011). Je nach Untersuchungsgegenstand schließt sich an den Zeichenprozess ein halbstrukturiertes oder offenes Interview an (vgl. Neuss 2005; Singhal, Greiner 2006). In der Auswertung werden die Zeichnungen mit den Interviews zusammen interpretiert. Durch die bewusste Verbildlichung von Objekten, Situationen oder Personen und der praktischen sowie kognitiven Reflexion und Gegenüberstellung von zentralen Gesprächsverläufen wird ein Zugang zu bestimmten Informationen geschaffen, der zuvor nicht möglich war. Somit können scheinbar unbedeutende oder beiläufig wahrgenommene Informationen oder komplexe (Lern-)Erfahrungen in der Zeichnung berücksichtigt werden, die allein mit sprachlichen Mitteln nur schwer zu erheben sind (vgl. Neuss 2005). Daher eignet sich die Methode besonders für die Reflektion des Erlebten von Teilnehmenden in Planspielen.

3. Das Planspiel - TLGW Automobil GmbH

Anhand eines selbst entwickelten Planspiels wurde die Erhebung des Erlebens der Teilnehmenden mit den vorgestellten Methoden getestet. Zusätzlich wurde untersucht, welche Planspieldesignelemente den Lernprozess und die Nachhaltigkeitswirkung, das heißt das bewusste Erinnern und Reflektieren des Planspiels, positiv beeinflussen. Im Nachfolgenden werden das Planspiel und dessen Studiendesign vorgestellt.

3.1 Design des Planspiels

Das didaktische Ziel des Planspiels *TLGW Automobil GmbH* ist es, den Teilnehmenden die Interaktion und Kommunikation im Team, die Anwendung von Web 2.0-Komponenten im Arbeitskontext sowie das Kennenlernen und Erleben organisatorischer und produktionstypischer Herausforderungen zu ermöglichen. Im Spiel können Teilnehmende verschiedene Kenntnisse und Kompetenzen im Bereich der Fahrzeugproduktion (KANBAN-Prinzip, Teilefertigung, Verlagerung einer Produktion), Organisation (Aufbau einer Organisation, Jobrotation, Job-Enrichement, Job-Enlargement, Outsourcing) und Soft Skills (Teamentwicklung, Kommunikation, Konfliktmanagement, Entscheidungsfindung, Führungsstile) erwerben. Das Planspiel ist für eine breite Zielgruppe konzipiert worden und ermöglicht den Teilnehmenden ein Ausprobieren in einer realitätsnahen Produktionsumgebung. Die TLGW Automobil GmbH bildet einen Ausschnitt einer Fahrzeugproduktion ab, bei dem zwei verschiedene LEGO®-Fahrzeugtypen produziert werden. Um schnell in das Spielgeschehen einzusteigen, ist die Produktionslinie einfach gehalten: Es existieren drei Montageabteilungen und eine Geschäftsführung, um die Bestellungen zu kontrollieren. Das Planspiel erfolgt über mehrere Geschäftsjahre, in denen unterschiedliche Herausforderungen zu bewältigen sind und verschiedene Problemlösetechniken und Optimierungsansätze spielerisch ausprobiert werden können. Das Ziel des Spiels besteht darin, den Unternehmensgewinn und damit die Arbeitsplätze der Spielenden zu sichern. Jedoch erschweren Hindernisse, wie Zeitdruck und fehlende Teile die Erreichung der Zielvorgaben. Das Planspiel funktioniert mit mindestens acht Spielenden für eine Zeitdauer von vier Stunden (vgl. Fink et al. 2014). Verschiedene Module, Aufgaben und Herausforderungen können je nach Verlauf und Anwendungskontext flexibel angepasst werden, um die Realitätsnähe zum betrieblichen Alltag zu gewährleisten. Damit erfüllt das Planspiel grundsätzlich die Forderung der kontextspezifischen Anpassung.

Abb. 1:   Spieleindrücke des Planspiels TLGW Automobil GmbH (Quelle: Eigene Darstellung)

3.2   Qualitatives Untersuchungsdesign mit Storytelling- und Bild-Interviews

In diesem Beitrag wird die qualitative Evaluationsstudie des Planspiels vorgestellt, die die Erhebungsinstrumente des Storytelling- und Bild-Interviews einsetzt, welches das freie Erzählen bzw. Malen fokussiert. Der Einsatz des Planspiels erfolgte an zwei verschiedenen Hochschulen (insgesamt vier Durchgänge) und in einem Großunternehmen (ein Durchgang). Es nahmen 45 Spielende ($m = 29$, $w = 16$) an den insgesamt fünf durchgeführten Planspielen teil.

Die Evaluation erfolgte ein Jahr nach der Teilnahme am Planspiel, um insbesondere nachhaltige Lerneffekte zu erfassen. Zu Beginn der Interviews wurden die Teilnehmenden gebeten, die Frage unter Berücksichtigung der eingesetzten Methode zu beantworten, wie sie das Planspiel der TLGW Automobil GmbH erlebt haben und was ihnen am meisten in Erinnerung geblieben ist. Insgesamt wurden in dieser Erhebung für das Storytelling-Interview fünf ($m = 4$, $w = 1$) und beim Bild-Interview sechs Beschäftigte ($m = 2$, $w = 4$) befragt. Der Altersdurchschnitt betrug 34 ($SD = 2.34$) Jahre (Storytelling-Interview), bzw. 32 ($SD = 3.47$) Jahre (Bild-Interview). Die Interviews wurden transkribiert und mit Hilfe der inhaltlich strukturierten qualitativen Inhaltsanalyse nach Kuckartz (2018) ausgewertet. Die Hauptkategorien der deduktiven Kategorienbildung orientierten sich an Befragungsinventaren wie dem Flow nach Csikszentmihalyi (2010), Immersion nach Jennett et al. (2008) und Motivation, Zufriedenheit, Kompetenzerwerb, Planspielerfolg sowie Nachvollziehbarkeit und

Realitätsnähe von Planspielen nach Trautwein (2011).

Induktiv entstanden weitere Kategorien, die nah am Interviewmaterial gebildet wurden, wie „Verlagerung", „Stress", „Störfaktoren" oder „Komplexität". Nach der Kategorisierung erfolgte die Paraphrasierung und Analyse der Daten (vgl. Kuckartz 2018). Eine Auswahl der Kategorien samt Ankerbeispielen zeigt Tabelle 1.

Kategorie	Item	Codier-Regel	Ankerbeispiel
Realitäts-nähe	Vorhanden	Das Spiel erinnert an die eigene Tätigkeit. Es kann ein Bezug zu eigenen Aufgaben oder Beruf hergestellt werden.	„...also ich kenn das auch aus meinem beruflichen Leben." „...das ist eigentlich ein Wiedererleben von Sachen, die man aus dem normalen Beruf her auch kennt."
Spiel-material	Autos	Werden die zu bauenden Autos genannt?	„Also wir haben ja eigentlich der xy und ich glaub ich die meiste Zeit zusammen Autos gebaut."
Stör-faktoren	Chaos, Hektik	Es werden Störfaktoren benannt.	„Das einzige was mir auch noch in Erinnerung geblieben war, dass die Teile am Anfang komplett waren und am Schluss haben immer irgendwo Teile gefehlt und keiner wusste warum jetzt das Team da zu wenig Teile hat und dort zu viel."

Tab. 1:   Auswahl aus Kategoriensystem mit Ankerbeispielen (Quelle: Eigene Darstellung)

4.   Ergebnisse der qualitativen Erhebung

Im Folgenden werden auszugshaft erste Evaluationsergebnisse des Storytelling- und des Bild- Interviews vorgestellt. Im Anschluss werden die Ergebnisse beider Interviewtechniken zusammenfassend diskutiert.

4.1   Ergebnisse der Storytelling-Interviews

Zur deduktiven Kategorie Planspieldesign zählen der Spielaufbau (Nennung von Produktionsablauf, Abteilungen), die Teilnehmerunterlagen (Spielanleitung), die zu bewältigenden Aufgaben (Nennung der Montagetätigkeiten, Kommunikation) sowie die eingesetzten Spielmaterialien (Nennung von Autos, Ereigniskarten, LEGO®). Zusammenfassend gaben die Untersuchungspersonen (UP) in den Interviews an, dass der Planspielprozess als besonders einprägsam, aber als noch zu hektisch und verbesserungswürdig empfunden wurde, wie die nachfolgende Aussage eines Teilnehmenden verdeutlicht:

„Ja, die Leute waren relativ fix drin, haben sofort angefangen mit Spielen, also die Steinchen motivieren halt total schnell da zum Rumprobieren. Es kam auch relativ schnell Hektik auf, also Betrieb, so wie es halt in der Praxis auch ist. Die Spielrunden, da gab es ja verschiedene" (UP 4).

Die Montageabteilungen und der zu produzierenden Fahrzeuge wurden in den Interviews nicht konkret genannt. Demgegenüber wurde eine klare Rollendefinition und Aufgabenverteilung in den jeweiligen Gruppen benannt: *„Wir haben uns in der Gruppe dann auch strukturiert und die Arbeitsinhalte so aufgeteilt, dass sich jeder ein Stück weit spezialisieren konnte, auf das, was er gemacht hat." (UP 1).* Zudem wurde der Realitätsbezug in allen Interviews zum einen durch die Implementierung der Verlagerung einer Abteilung (Störereignis im Planspiel, s. u.) betont: *„Dort, wo wir gespielt haben, ging es 100 Meter quer durchs Gebäude, das heißt, es war wirklich ,Russland'!" (UP 7).* Zum anderen bezogen sich die Teilnehmenden auf ihre eigenen Erfahrungen: *„Wir hatten ja die Kollegen vom xy mit dabei, (...) die waren überrascht, wie stressig es zuging. Das war für uns jetzt eigentlich relativ wenig überraschend, weil wir das vom normalen Geschäft eigentlich ähnlich kennen" (UP 8).* Bezüglich des Spielverlaufs äußerten die Teilnehmenden wie sie sich selbst in das Spiel einbrachten:

„Innerhalb so eines Planspiels ist auch ein gewisser Reiz, so viel wie möglich Output zu generieren und so länger man dann auch in so einem Planspiel drinnen ist, steigert man sich da auch ein bisschen rein und [man entwickelt] den Ehrgeiz, das Optimum da raus zu holen." (UP 7),

wie sie im Sinne des Flow-Konzeptes am Spiel mitwirkten: *„Wir, die Endmontage, gegen die Teilemontage"* sowie Herausforderungen gemeinsam gelöst wurden: *„Ich denke schon, dass ich da versucht habe, mit den Kollegen versucht habe, eine Lösung erarbeiten und das dann in Wirklichkeit ganz gut funktioniert hat." (UP 1).*

Erkenntnisse gewannen die Teilnehmenden vor allem in Bezug auf die Verlagerung einer Abteilung, welche als ein Störereignis (induktive Kategorie) im Planspiel simuliert wurde:

„Es hat mich also mal wieder in der Erkenntnis bekräftig, wie ich es schon gesagt habe, so bald mal eine Barriere sei es jetzt eine Türe oder die Entfernung oder nur eine andere Gruppe, im Sinne von einer anderen Abteilung, dann hat, hat man da automatisch Kommunikationshemmnisse, und die [Kommunikation] sinkt auch rapide ab, selbst wenn man nicht weit weg ist voneinander und das hat dieses Spiel dann für mich dann verdeutlicht." (UP 1).

Störvariablen (z. B. fehlende Teile, Verlagerung) wurden in den Interviews immer wieder beschrieben sowie aufkommende Hektik und Stress, was allerdings positiv konnotiert wurde: *„Es war in dem Moment stressig, im Sinne, man war danach schon ein bisschen geschafft. Also in der Form stressig ja, aber nicht unangenehm."* (UP 8). Neben dem Stress wurde besonders der Spaß beim Spielen: *„Fazit ist: es hat Spaß gemacht. Ich hätte Lust, das mal wieder zu machen."* (UP 2) sowie der Wunsch nach einer wiederholten Teilnahme am Planspiel betont.

Daneben wurden in den Interviews Verbesserungsvorschläge für den weiteren Entwicklungsprozess des Planspiels gegeben, wie beispielsweise eine ausgereiftere Funktion der IT-Komponente oder die Implementation von weiteren Feedbackschleifen im Spiel. Als Ergebnis wurden alle Interviewaussagen aus Sicht der Teilnehmenden verdichtet zusammengefasst und zu einer ersten Version einer gemeinsamen Geschichte des Planspiels verdichtet.

4.2 Ergebnisse der Bild-Interviews

Für die Erstellung der Bilder wurden den Untersuchungspersonen verschiedene Stifte und Papier zur Verfügung gestellt. Zu Beginn der Bild-Interviews wurden sie gebeten, in einem Bild umzusetzen, wie sie das Planspiel der TLGW Automobil GmbH erlebt haben und was ihnen am meisten in Erinnerung geblieben ist. Danach beschrieben die Erstellenden kurz ihr Bild. In Ergänzung dazu wurde zu jedem Bild ein halbstrukturiertes Interview durchgeführt. Für die nachfolgende Bildinterpretation wurde das Bild eines Beschäftigten ausgewählt (vgl. Abb. 2).

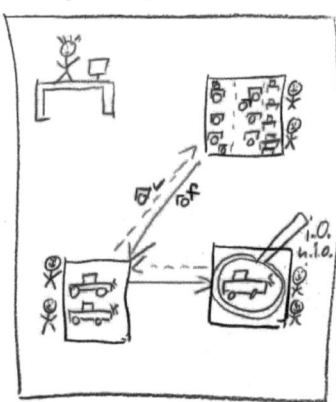

Abb. 2: Beispiel eines Bildes zum Planspiel TLGW Automobil GmbH
(Quelle: Bild eines Teilnehmenden aus einem Großunternehmen)

Erkennbar ist, dass das Bild durch einen schwarzen Rahmen abgegrenzt und in vier Abschnitte aufgeteilt ist, die die einzelnen Abteilungen des Unternehmens der TLGW Automobil GmbH symbolisieren. Die einzelnen Produktionsabteilungen sind durch schwarze Kästen gekennzeichnet, in denen Autos oder Teil-Komponenten erkennbar sind, die dem jeweiligen Produktionsschritt zugeordnet wurden. Die einzelnen Kästen sind miteinander verbunden, außer die beiden rechten im Bild. Die fehlende Verbindung wurde von diesem Teilnehmenden als „im ersten Moment [als] nicht so wichtig" erachtet. Die Geschäftsführung ist im oberen linken Bildrand zu erkennen, die hinter einem Tisch mit PC platziert wurde und ebenfalls nicht mit den Produktionsabteilungen verbunden ist. Die Farbwahl ist laut dem Zeichnenden bewusst gewählt, wobei Rot für Komponenten steht, die „in Ordnung" sind und montiert werden können. Blaue Komponenten stehen für Teile, die „nicht in Ordnung sind" und wieder bearbeitet werden müssen. Die gezeichnete Lupe im unteren rechten Bildrand steht nach Aussage des Zeichnenden für Qualität. Die Strichmännchen bilden die Produktionsmitarbeiter ab, wobei im Interview betont wurde, dass „die Mundwinkel (...) nach oben" gezeichnet wurden.

Die Bildinterpretation und Aussagen des Teilnehmenden wurde anschließend dem halbstrukturierten Interview gegenübergestellt und dabei die Rolle des Interviewten im Planspiel berücksichtigt. Während des Interviews ordnete sich der Zeichnende eindeutig der Abteilung unten rechts im Bild zu, die bei näherer Betrachtung im Bild durch eine dickere Umrandung hervorvorgehoben ist. In der Beschreibung des Bildes ergänzt er, dass zwei verschiedene Fahrzeugtypen produziert sowie verschiedene Spielphasen durchlaufen wurden und Störgrößen den Spielfluss beeinflusst haben. Diese Elemente sind im Bild nicht wiedergegeben. Seine Rolle im Spiel wurde als „Produktionsmitarbeiter, ausschließlich" in der Endfertigung bezeichnet, wobei sich die Untersuchungsperson als besonders „produktiv, wertschöpfend [...] empfunden" hat. Dennoch wird bemängelt, dass „[er] leider Gottes nur eine Rolle hat einnehmen können". Während des Interviews bezieht er sich immer wieder auf das Bild und zeigt auf seine Abteilung.

In Bezug auf den Einsatz der Methodik Bild malen, gab der Zeichnende an, dass er seine Erfahrungen im Bild wiedergeben konnte. Er hat einen „Produktionsprozess von vorne bis hinten [erlebt, der] eine Kette ist" und „wo einem klar sein muss, dass man ein Teil dieser Kette ist". Die Abhängigkeit von den anderen Abteilungen bezeichnete er als „Fremdsteuerung", da man „auf die Vorfertigung der Teile" angewiesen war. Seine Erfahrung fasste er im Interview folgendermaßen zusammen: Das

Planspiel „*ist eine sehr gute Sache, um die Realität ganzheitlich zu erfassen*".

Der Vergleich zu anderen entstandenen Bildern zeigt, dass stets die Produktion (bestehend aus den drei Abteilungen sowie abgegrenzt davon die Geschäftsführung), bzw. der Produktionsprozess, im Mittelpunkt des Bildes steht. In einer Zeichnung sind die Teilnehmenden besonders hervorgehoben. Alle Bilder zeigen eine ähnliche Farbwahl: Es wurden primär die Elementarfarben Rot, Blau, Gelb und Grün für die Komponenten und Schwarz für die Tische bzw. Abgrenzungen zu den anderen Abteilungen gewählt. Als Symbole sind Autos, Menschen und Werkzeuge zu erkennen. Der Prozess wurde stets durch Pfeile und Verbindungslinien gekennzeichnet.

5.   Interpretation und Diskussion

Das freie Erzählen im Rahmen der Storytelling-Interviews ermutigte die Untersuchungspersonen, ihre Version des Planspiels wiederzugeben, ohne dass die Evaluationsmethode den Verlauf des Interviews vorgab. Die freie Assoziationsbildung, die Teil der Methode ist, verstärkte diesen Effekt. Als wesentliche Elemente, die nach einem Jahr erinnert wurden, wurde in dem vorliegenden Ergebnisauszug der Interviews das Planspieldesign, der Realitätsbezug, der Ablauf des Spiels, die Störereignisse, der Flow und die Verbesserungsvorschläge zum Planspiel genannt. Als besonders prägnantes Ereignis wurde die Produktionsverlagerung beschrieben: „*es war wirklich „Russland"! (UP 1)*, die ,Chaos' im Spielgeschehen auslöste und somit induktiv eine eigene Kategorie bildete. Obwohl dieses Ereignis den typischen Produktionsprozess störte, wurde die Herausforderung angenommen, was das Stresslevel anhob, aber auch die gemeinsame Problemlösung förderte. Bei leitfadengestützten Interviews oder Befragungen könnten diese wesentlichen Elemente ohne eine direkte Frage leicht übersehen werden. Darüber hinaus ist aus den Interviews ein starker Bezug der Teilnehmenden zum Spiel und eine hohe Identifikation mit ihrer Rolle in eben diesem zu erkennen. Dies zeigt sich durch die Verwendung von Personalpronomen wie „*wir*" und „*unser*". Es wurde stets von der gemeinsamen Abteilung bzw. Gruppe berichtet: „*da sind wir dann gestartet" (UP 1)* oder „*wir haben uns dann in der Gruppe strukturiert" (UP 7)*. Die Erkenntnisse der induktiv gebildeten Kategorie ´Spaß´ belegen ebenfalls den Einfluss der Flow und Immersions-Theorie im Spiel, also das vertiefte Eintauchen der Teilnehmenden in das Planspiel.

Die Bildinterpretation setzt die detaillierte Betrachtung der in Abbildung 2 dargestellten Zeichnung voraus. Dabei fallen insbesondere die Verbindungslinien zwischen den Abteilungen und der Rahmen des Bildes auf. Der Zeichnende des Bildes betont im Interview, dass diese die Kommunikationslinien widerspiegeln und der Rahmen das Spiel nach außen hin abgrenzt. Planspiele zeichnen sich dadurch aus, dass sie einen geschützten Raum bieten. Daher könnte dies darauf hinweisen, dass sich die Untersuchungsperson während des Spiels sicher gefühlt hat. Die fehlende Verbindung zu einer Abteilung könnte darauf hindeuten, dass mit dieser nur wenig kommuniziert wurde oder eine Verlagerung stattfand. Zu letzterer wurde im Vergleich zum Storytelling weder im Bild noch im Interview Bezug genommen. Die durchgeführten halbstrukturierten Interviews zu den Bildern können zudem dazu beitragen, Gemeinsamkeiten und Unterschiede in der Bedeutungszumessung aufzudecken und Interpretationsansätze zu verdichten. Darüber hinaus ist im Bild deutlich zu sehen, dass die Geschäftsführung von den Abteilungen isoliert gezeichnet und nicht im Prozess integriert ist und somit nur von außen wirkt. Zu diesem Erhebungszeitraum war die Geschäftsführung noch keine integrierte Abteilung im Planspiel. Als wesentliche Elemente wurden im Bild-Interview die Abteilungen, das Spielmaterial, die Produktion und der Produktionsprozess genannt.

Dass die Untersuchungspersonen den gesamten Prozess der Fahrzeugproduktion sowohl in den Geschichten als auch in den Bildern wiedergaben, deutet darauf hin, dass das Planspieldesign zu einem nachhaltigen Kompetenzerwerb – die Erhebung erfolgte ein Jahr nach Planspieldurchführung – der Teilnehmenden im Bereich der Produktionsprozessbeschreibung beiträgt.

Organisations- und produktionstypische Herausforderungen wie das Fehlen von bestimmten Teilen, Kommunikationsprobleme und Zeitdruck wurden ebenfalls bei beiden Erhebungsmethoden genannt. Demgegenüber fand jedoch keine genaue Bezeichnung der Abteilungen und Fahrzeuge statt, wohl aber eine Benennung der Strukturen, Probleme und Herausforderungen. Die Nennung der haptischen Elemente deutet darauf hin, dass deren Implementierung positiv auf das Erinnerungsvermögen wirken. Bei beiden Erhebungsmethoden betonten die befragten Personen zudem den Spaß während des Spiels sowie der positive Bezug zur Realität. Dies zeigt, dass das Planspieldesign an den Erfahrungshintergründen der Untersuchungspersonen (Beschäftigte) anknüpft und ein Bezug zur Erfahrungswelt hergestellt werden konnte, der das Wiedergeben förderte. Dies stützt die Aussage, dass sich die partizipativen Methoden für den Einsatz in der Planspielforschung eignen.

6. Fazit

Die hier erläuterten Erkenntnisse zu den partizipativen Methoden Storytelling- und Bild-Interview zeigen, dass diese bei der Evaluation von Planspielen einen wichtigen Beitrag leisten können. Beide Methoden können zu gehaltvollen und nachhaltigen Einblicken in den Erfahrungshintergrund der Probanden beitragen. Dadurch können Erkenntnisse und Zusammenhänge aufgezeigt werden, die andernfalls nur schwer mit Hilfe von strukturierten quantitativen Erhebungen gewonnen werden können (vgl. Neuss 2005).

Bislang findet das Storytelling jedoch nur im Rahmen von universitären Projekten und in Unternehmen Anwendung, da die Methode als besonders zeit- und ressourcenaufwändig gilt. Der zeitliche Aufwand der hier durchgeführten Storytelling-Interviews umfasste für den jeweiligen Probanden nicht mehr als 30 Minuten und liegt somit nicht höher als der bei quantitativen Studien. Die Aussage des zu hohen Aufwandes kann an dieser Stelle nicht bestätigt werden. Nur für die Auswertung und Erstellung der gemeinsamen Geschichte (Verdichtung der Aussagen) ist ein höherer Ressourcenbedarf der Forschenden notwendig. Das Storytelling sollte jedoch nicht als alleiniges Erhebungsinstrument dienen, weil beispielsweise relevante, aber vom Geschichtenerzähler nicht genannte Aspekte außen vor bleiben.

Die Vorteile der Methode des Bildermalens liegen vor allem in ihrer empfängerzentrierten Methodik der Inhaltsbeurteilung sowie in der partizipativen Erhebung von Daten. Die Methode bietet eine andere Sichtweise auf die Partizipation und das Engagement der Teilnehmenden, als beispielsweise bei einer standardisierten Befragung. Die größten Nachteile der Methode sind ihr hoher zeitlicher Aufwand bei der Erhebung und der Auswertung, die erforderliche Bereitschaft der Untersuchungspersonen, sich auf die Methode einzulassen sowie deren notwendige Zeichenkompetenz, die nicht immer als gegeben vorausgesetzt werden kann (vgl. Singhal 2011). Kritisch ist darüber hinaus ein möglicher Erkenntnis- und Bedeutungsverlust, der durch die Transformation von der Zeichnung in ein sprachliches Mittel entsteht und sich auf die Bildinterpretation auswirken kann (vgl. Boehm 1978). Die Möglichkeit, neue oder bislang nicht verwendete Evaluationsmethoden zu erproben, stellt folglich eine wertvolle Ergänzung im bisher genutzten quantitativen und qualitativen Methodenrepertoire dar. Der Einsatz des Storytelling- und Bild-Interviews als Evaluationsmethode in der Planspielforschung ist demnach als neuartig einzustufen, bedarf jedoch weiterer Verifizierung.

Insgesamt lässt sich resümieren, dass durch die beiden partizipativen Erhebungs-methoden eine intensive Reflexion der Erfahrungen der Teilnehmenden am Plan-spiel stattfand. Den Probanden wurde die Möglichkeit gegeben, zu einer bestimmten Fragestellung auf eine kreative Art und Weise zu antworten und sich in einer Ge-schichte oder in einem Bild auszudrücken. Obwohl die Methoden mit unterschiedli-chen Probanden durchgeführt wurden, entstanden eine gemeinsame Geschichte und interessante Bilder mit vergleichbaren Inhalten bzw. einer ähnlichen Farbwahl. Die Erzähl- und Zeichenkompetenz der Untersuchungspersonen beeinflusste zwar die Umsetzung der Geschichte und des Bildes, begrenzte aber nicht deren Aussagekraft. Beide Methoden haben gezeigt, dass sie gewinnbringend zur Untersuchung von Plan-spielen und deren Effekten eingesetzt werden können. Ihre besondere Stärke liegt darin, explizit den individuellen Erfahrungshintergrund der Untersuchungspersonen zu berücksichtigen. Die Methoden stellen die Teilnehmenden in den Mittelpunkt – sie entscheiden, was sie zeichnen oder welche Geschichte sie erzählen. Die Interviewen-den nehmen sich bewusst zurück, um mit ihren Fragen nicht vor vorn herein, die Aus-sagen der Interviewten zu beeinflussen oder in eine bestimmte Richtung zu lenken. Bisher basiert die Anwendung der vorgestellten Methoden bei der Evaluation von Planspielen noch stark auf hypothetischen Annahmen bezüglich des Erkenntnisge-winns. Die Methoden wurden bislang noch nicht im Planspielkontext eingesetzt und auch ihre Kombination mit etablierten Methoden der Evaluationsforschung ist nicht systematisch erforscht. Dies bedarf weiterer Untersuchungen. Plädiert wird hierbei für eine Methodentriangulation, bei der Evaluationsmethoden aus dem Bereich der klassischen qualitativen und quantitativen Sozialforschung miteinander kombiniert werden. Dies kann im Vergleich zum Einsatz einer einzelnen Methode zu deutlich aussagekräftigeren Ergebnissen über den nachhaltigen Nutzen von Planspielen füh-ren und letztlich dazu beitragen, Planspiele als Lernmethode in Unternehmen fest zu etablieren.

Danksagung

Diese Forschungsarbeit wurde teilweise vom Bundesministerium für Bildung und Forschung (Projekt Auto_ID, FKZ: 01PA17015F) unterstützt. Der Geldgeber hatte keinen Einfluss auf das Studiendesign, die Erhebung, Analyse und Interpretation der Daten, auf das Verfassen des Berichts oder die Einreichung des Artikels. Wir sind Julia Birke, Hannah Gerold und Anne Ziegler für ihre Hilfe bei der Datenanalyse und Redigieren des Beitrags sehr dankbar.

Literaturverzeichnis

Csikszentmihalyi, Mihaly (2010): Das Flow-Erlebnis. Jenseits von Angst und Langeweile: Im Tun aufgehen, Stuttgart: Klett-Cotta.

Boehm, Gottfried (1978): Zu einer Hermeneutik des Bildes. In: Boehm, Gottfried, Gadamer, Hans-Georg (Hg.): Seminar: die Hermeneutik und die Wissenschaften. Suhrkamp. S. 444–471.

Fink, Susann, Wagner, Elena, Unger, Holger (2012): Prozesssichere Produktion von Hochvoltspeichersystemen - eProduction. In: Bullinger, Angelika C., Müller, Egon (Hg.): Intelligent vernetzte Arbeits-und Fabriksysteme. UPP 2012 - vernetzt planen und produzieren & Symposium Wissenschaft und Praxis. Chemnitz: Wissenschaftliche Schriftenreihe IBF, S. 387-392.

Fink, Susann, Kiili, Kristian, Bullinger, Angelika C. (2014): Measuring game experience and learning effects of business games. Tagungsband 45th ISAGA Conference, S. 140-153.

Flick, Uwe (2006): Qualitative Evaluationsforschung. Konzepte, Methoden, Umsetzungen. Reinbek bei Hamburg: Rowohlt Verlag GmbH.

Frenzel, Karolina, Müller, Michael, Sottong, Hermann (2006): Storytelling. Das Praxisbuch. Carl Hanser Verlag GmbH & Co. KG.

Gálvez, Cristián (2009): 30 Minuten Storytelling. 4. überarbeitete Auflage. GABAL Verlag: Offenbach.

Gläser-Zirkuda, Michaela (2008): Qualitative Inhaltsanalyse in der Lernstrategie- und Lernemotionsforschung. In Mayring, Philipp und Gläser-Zikuda, Michaela. Die Praxis der Qualitativen Inhaltsanalyse. 2. Auflage. Beltz Verlag. Weinheim und Basel. S. 63-84.

Kleiner, Art, Roth, George (1996). Field manual for a learning historian. MIT-COL and Reflection Learning Associates.

Kriz, Willy C.; Auchter, Eberhard (2016): 10 Years of Evaluation Research Into Gaming Simulation for German Entrepreneurship and a New Study on Its Long-Term Effects. Simulation & Gaming, 47(2), S. 179–205.

Kuckartz, Udo (2018): Qualitative Inhaltsanalyse: Methoden, Praxis, Computerunterstützung. 4. überarb. Auflage. Weinheim Basel: Beltz Juventa.

Jennett, Charlene, Cox, Anna L., Cairns, Paul, Dhoparee, Samirac, Epps, Andrew, Tijs, Tim, Walton, Alison (2008): Measuring and defining the experience of immersion in games. International Journal of Human-Computer Studies 66. S. 641-661.

Lamnek, Siegfried (2010): Qualitative Sozialforschung. Lehrbuch. 5. Aufl. Weinheim [u.a.]: Beltz.

Mayring, Phillip (2002): Einführung in die qualitative Sozialforschung. Eine Anleitung zu qualitativem Denken. 5. Aufl. Weinheim u. a: Beltz.

Neuss, Norbert (2005): Kinderzeichnung. In: Mikos, Lothar (Hg.): Qualitative Medienforschung. Ein Handbuch. Konstanz: UVK-Verl.-Ges, S. 333–342.

Schach, Annika (2017): Storytelling. Geschichten in Text, Bild und Film. Springer Gabler. Wiesbaden.

Schulz, Klaus-Peter; Regber, Holger (2009): Spielend Produktionsprobleme lösen. In: Müller, Egon; Spanner-Ullmer, Birgit: 7. Chemnitzer Fachtagung. Vernetzt planen und produzieren. 17. September 2009. Technische Universität Chemnitz Institut für Betriebswissenschaften und Fabriksysteme. Tagungsband.

Schwägele, Sebastian (2016): Planspiel – Lernen – Lerntransfer: Eine subjektorientierte Analyse von Einflussfaktoren. Books on Demand, Norderstedt.

Singhal, Arvind; Greiner, Karen; Hurlburt, Sarah (2006): A Participatory Assessment of Ashreat Al Amal, an Entertainment-Education Radio Soap Opera, in the Sudan. A Qualitative Assessment Report.

Singhal, Arvind, Durá, Lucia, Felt, Laurel (2011): Valuing cultural scorecards. What Counts? For Whom? Cultural Scorecards as Communication Measures.

Sowa, Hubert & Uhlig, Bettina (2006): Bildhandlung und ihr Sinn. Methodenfragen einer kunstpädagogischen Bildhermeneutik. In: Winfried Marotzki (Hg.): Bildinterpretation und Bildverstehen: Methodische Ansätze aus sozialwissenschaftlicher, Kunst- und medienpädagogischer Perspektive: Verlag für Sozialwissenschaften.

Stockmann, Reinhard (Hg.) (2006): Evaluationsforschung. Grundlagen und ausgewählte Forschungsfelder. 3. Aufl. Münster. New York, München, Wien: Waxmann.

Stockmann, Reinhard (2007): Handbuch zur Evaluation. Eine praktische Handlungsanleitung. Münster; München [u.a.]: Waxmann.

Thier, Karin (2004): Die Entdeckung des Narrativen für Organisationen. Entwicklung einer effizienten Storytelling-Methode. 1. Aufl. Hamburg: Kovac.

Thier, Karin (2017): Storytelling. Eine Methode für das Change-, Marken-, Projekt und Wissensmanagement. 3. Aufl. Springer. Berlin-Heidelberg.

Trautwein, Christina (2011): Unternehmensplanspiele im industriebetrieblichen Hochschulstudium. Gabler Verlag.

Uhlig, Bettina (2008): Bild Rezeption von Kindern. Fallstudie eines siebenjährigen Kindes zur Auswahl von Bildern, deren Wahrnehmung und zu deren zeichnerischen Repräsentation. In: Gabriele Lieber (Hg.): Lehren und Lernen mit Bildern. Ein Handbuch zur Bilddidaktik. 1. Aufl. Baltmannsweiler: Schneider Hohengehren.

From Entertainment to Seriousness

How to translate Entertainment Games into Simulation Games

Maria Freese, Heide K. Lukosch, Simon Tiemersma

In this paper, we discuss how the development of simulation games can benefit from successful elements in entertainment games. Therefore, we will describe the entertainment game Citadels (Faidutti 2000) and inform about the related development process of the simulation game MachiaCELLi. MachiaCELLi is a physical simulation game that is being used in the interface between research and policy making. The focus of our contribution is on the analysis of the game mechanics of Citadels, our considerations and transfer of selected mechanics to MachiaCELLi, as well as the adjustments of the learning mechanics, and the inclusion of a debriefing phase. The paper concludes with a discussion of lessons learned and recommendations for future work.

In diesem Beitrag wird diskutiert, wie die Entwicklung von Planspielen von erfolgreichen Elementen in Unterhaltungsspielen profitieren kann. In einem ersten Schritt wird daher das Unterhaltungsspiel „Ohne Furcht und Adel" (Faidutti 2000) beschrieben und anschließend über den Entwicklungsprozess des Planspieles MachiaCELLi informiert. MachiaCELLi ist ein analoges Planspiel, das an der Schnittstelle zwischen Forschung und Politik eingesetzt werden soll. Der Schwerpunkt unseres Beitrags liegt auf der Analyse der Spielmechanismen von „Ohne Furcht und Adel", unseren Überlegungen und der Übertragung ausgewählter Mechanismen auf MachiaCELLi sowie der Anpassung der Lernmechanismen und der Einbeziehung einer Debriefing-Phase. Der Beitrag schließt mit einer Diskussion der gewonnenen Erkenntnisse und Empfehlungen für zukünftige Arbeiten ab.

1.   Introduction

Today's society is characterized by a large number of complex systems. Complex systems are systems constituted by many actors that must collaborate with each other to guarantee an optimized use of the functions of the specific system. This often is challenging, due to different priorities as well as divergent goals and complex and uncertain problems (De Bruijn, Herder 2009). An example of such complex system is the domain of biotechnology. Within this domain, the project T-TRIPP[1] aims to contribute to a translation between scientists, risk assessors and policy makers to guarantee a safe development of innovative technologies. To be able to achieve this aim, innovative methods are needed. One of such innovative methods are simulation games that can be used to bring different actors together, and to analyse complex systems (Duke 1974).

The present paper is structured as follows: First, we describe the entertainment game Citadels (Faidutti 2000) and analyse its mechanics. After this, the transfer of selected game mechanics to the physical simulation game MachiaCELLi is presented. Therefore, we describe the development process of this game. Next to this, we describe the adjusted learning mechanics as well as the inclusion of a debriefing phase into the game play process. Finally, the paper concludes with a discussion of lessons learned and recommendations for future work.

2.   Development of a simulation game

When designing a simulation game, one can apply various design approaches. One of such approaches is formulated as Triadic Game Design (TGD) Philosophy (Harteveld 2011). This approach distinguishes between the three worlds of reality, meaning, and play, when designing simulation games. Yet, TGD represents a rather high-level design approach. Our work aims at translating the valuable aspects of TGD into a practical game design approach. Based on these considerations, we identify three main categories for the development of a simulation game: an analysis of the 1) content, 2) game mechanics and 3) learning mechanics. We will describe all three categories in the following sub-sections.

---

[1]   Tools for Translation of Risk Research into Policies and Practices

2.1   Analysis of content

With the aim to understand the problem our simulation game should address, we developed the IDEAS approach (see Figure 1). IDEAS is an approach to guarantee a concrete problem statement as a basis for the development of a valid simulation game (Freese & Lukosch 2019a).

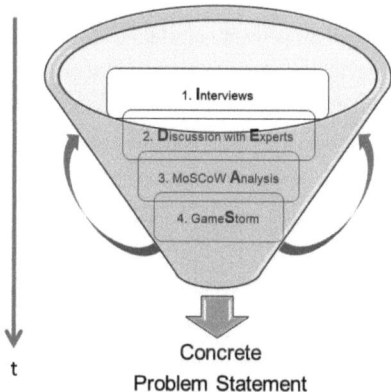

Fig. 1:   Funnel of game design – IDEAS approach (Freese, Lukosch 2019a).

The IDEAS approach consists of four phases and several feedback loops. It describes the process of a problem definition from a broad understanding to a concrete one. In the first phase, we conducted semi-structured interviews with related experts to analyse current challenges in biotechnology. In the second phase, we discussed the results of the first step with our project partners and were able to derive a few problem statements. Third, as it is not possible to consider several problem statements in one game, we had to prioritize the problem statements with the aim to identify the most important one. Therefore, we used the MoSCoW approach (Clegg, Barker 1994) that distinguishes four categories: Must haves, Should haves, Could haves and Won't haves. As a last step and with the aim to really understand the final problem statement in a more detailed way, we conducted a so-called gamestorm. This is a participatory brainstorm session with experts, in our case from biotechnology, again based on the Triadic Game Design approach (Harteveld 2011).

Our analyses, following the IDEAS approach, have shown that there is and will be deep uncertainty in biotechnology on technology progress and matching regulations. In particular, new technologies do not fit with current regulations because they are too strict, too old and cause too much paperwork. Scientists and policy makers will be the target groups of our simulation game. The purpose of the game itself will be to create awareness on current regulations, but to also get a better understanding of the different perspectives in biotechnology.

2.2   Analysis of game mechanics

For the decision on appropriate game mechanics for our game, we analysed existing entertainment games, like the board game Patchwork (Rosenberg 2014) and the card game Citadels (Faidutti 2000). In the game Citadels, players take a new role each round with a different benefit. These benefits are combined with regular actions to acquire 'gold' and building cards. Both resources are needed to develop buildings. When the first player has built eight buildings the game ends and points are calculated. The player with the most points wins the game (BoardGameGeek A n. d.).

The setting and story of the game is a fictional medieval backdrop where the players are leaders of a city and need to construct the most impressive buildings (Bradley's n. d.). Players need to influence powerful characters to be able to pay for and construct their buildings. This character (or role) system is a very important game mechanic.

To understand the vital game structure, we will explain the basic player actions. Every round all players get to choose one out of two regular actions. The first possible action is to take two 'gold' from the bank. The second optional action is to take two building cards from the stack and choose one of them to keep. Then, the player can build one of his or her cards in hand by paying the required 'gold' and placing the card on the table. The game mechanic here is to collect 'gold' and choose to build buildings in turns.

Every round, before players can take turns to collect 'gold' and build, they need to choose a role. Each role has a special ability, which can be used once per turn. When choosing a role, depending on the amount of players, some role cards are discarded open and closed. Starting with the oldest player in the first round and with the 'king' role in the rounds thereafter, players pick a role. It is in this part of the game that players need to think of a strategy for the coming round and guess which player is which role if they want to defend, build or attack. The special abilities of the characters consist of making other roles skip their turn, stealing 'gold', taking more buildings cards, receiving more 'gold', building additional buildings, destroying other players' buildings or defending him/herself from having own buildings destroyed. As said before, the 'king' role gets to choose a new role first in the next round. The king also functions as a facilitator, because he/she needs to announce all roles in order (which can be different from the player order around the table). The mechanics with the roles in this game are devising a strategy, guessing other players' intentions and using special abilities to get the own goal.

Players get to choose which buildings they build as some of them have advantages for players or roles. Some buildings are very valuable and cost less than they are worth when counting points in the end. Some buildings have special effects that give players bonuses or are protected from destruction. Players get extra points if they build buildings from all different classes. Additionally, there are several buildings which are linked to a role, so that if a player has one of these buildings built, they will receive bonus coins if they chose that certain role in that round. The game mechanic is that players get to choose which buildings to build, to increase their points, income and abilities. These are closely linked to the roles the players choose, but also to which roles the other players choose.

The game mechanics of strategy, guessing intentions, choice and (some) luck are the most important ones in this game. What drives players the most is to guess which players will take which roles in each round. This influences their options and abilities in the coming round. The guesswork is based on seeing which role cards are open on the table, are still in the deck and of course on player interaction, past choices and bluffing. Also, a player that has buildings in front of them that will give the king role more 'gold', is very likely to pick the king which then could be 'killed' by the murderer role who takes away other players' roles. Player strategies could be focused on attacking other players, defending oneself from other player's attacks or just trying to build while not trying to mingle too much. The best strategy is to adapt each round and change strategy based on the situation. Citadels is a typical Eurogame (BoardGameGeek B n.d.), because players need to collect 'gold' and construct buildings, while not very much being reliant on luck. However, as opposed to many other Eurogames, Citadels is focused on attacking and interacting with other players, which is the reason that this game stands out.

We chose Citadels as the inspiration for our game because of the game mechanics that come with the changing of roles and constructing an object with cards. Based on the description of Sicart (2008), game mechanics are rule-based systems. Those motivate the players to explore and to learn. One of the goals of the T-TRIPP game is to change perspectives between policy makers and scientists. By making half of the game's roles scientists and the other half policy makers we hoped to achieve that players understand both perspectives. As for construction, instead of building an impressive city, in our version the players need to construct a genetically modified organism. In Table 1 you can see the transfer of specific game mechanics of Citadels to MachiaCELLi.

	Citadels (Faidutti 2000)	MachiaCELLi
Aim of the game	Entertainment	Create awareness on current regulations, Get a better understanding of different perspectives in biotechnology
Aim in the game	Build your own city with the most valuable building cards	Build and validate a synthetic cell
Actions	Choose one role, play special ability of your role, different actions, resources, point system	Choose one role, play special ability of this role, different actions
Roles	King, Assassin, Thief, Magician, Bishop, Merchant, Architect, Warlord	Researchers (Project manager, Operator, Engineer, Acquirer) and Regulators (Inspector, Process regulator, Product regulator, Approver)
Materials	Roles, Buildings, Resources (Gold), Overview cards	Roles, Tools (Materials, Technologies), Building blocks (Cell parts), Action cards

Tab. 1:   From Citadels to MachiaCELLi.

After the choice of MachiaCELLi game mechanics, we proceeded to the learning mechanics. Therefore, we analysed applicable learning mechanics first.

2.3   Analysis of learning mechanics

Our analyses are based on a modified version of the taxonomy of Bloom (Suttie et al. 2012) which consists of different types of thinking skills – from low (knowledge) to high (evaluation) (see Fig. 2). Each of these categories has different sub-categories that are associated with learning activities. The figure shows the skills as formulated by Bloom in the middle. Above are the learning mechanics. Below, one can find the according game mechanics. Furthermore, we added some examples both on the learning as well as on the game side.

Examples	Learning by Doing	Find the best and fastest stragey	Competition between players	Feedback about number of approved building blocks	Reflection phase after the rounds	Planning
Learning mechanics	Guidance	Participation	Competition	Analysis	Reflect	Planning
	Explore	Time Pressure	Cooperation	Feedback	Motivation	Responsibility
Bloom's Taxonomy	Knowledge	Under-standing	Application	Analysis	Synthesis	Evaluation
Gaming mechanics	Information	Role-play	Cooperation	Meta-Game	Resource Management	Design
	Story	Tutorial	Time Pressure	Feedback	Collaboration	Strategy
Examples	Bild and validate a synthetic cell	Step-by-step instruction (roles, tools, building blocks)	Time pressure per round	Feedback via approved building blocks	Limited resources (e.g., tools)	Biotechnology-based setting for experts

Fig. 2: Learning mechanics and game mechanics based on a modified version of the taxonomy of Bloom (Suttie et al. 2012).

Furthermore, we added a debriefing phase to MachiaCELLi. In detail, players have the task to reflect on the game play and think about questions like – What have you done to attain your goals? Did you experience some challenging situations? Which were interesting and realistic situations? What did you learn from the game/gameplay? To be able to guarantee a learning experience, we structure the debriefing following the four E's approach of addressing emotions, events, experiences and everyday life (Bartschat, Schwägele 2014). As our experiences have shown, the connection between the game play and the reality is the most important element of a debriefing (Crookall 2010).

On the basis of the analysis of all three main categories – content, game mechanics, and learning mechanics, we were able to develop the simulation game MachiaCELLi. The purpose of this game is to create awareness on current regulations in biotechnology and to get a better understanding of the different perspectives in biotechnology. Below, we introduce the game.

3. Description of the simulation game MachiaCELLi

MachiaCELLi is a physical card game and playable for four to six players. It is a competitive game in which each player has the task to build and validate a synthetic cell.

In the first round, one person will be appointed as the project manager. The cell cards and tools will be mixed in separate stacks and then placed closed in the middle of the table next to approval stones.

A cell consists of six building blocks cards and a specific function (e. g., health) which is based on a goal card (see Fig. 3). Each building block requires a certain combination of tools. For building the parts of the synthetic cell, it is necessary to collect a certain amount of tools, such as technologies and techniques (see Fig. 4). There are tools that can be used permanently (e. g., safe lab) and tools that can be used only once (e. g., materials). The required tools are indicated by small icons on the cell parts. For example, a combination of a safe lab and materials is needed to build the membrane. In each round the players can choose a certain number of tools.

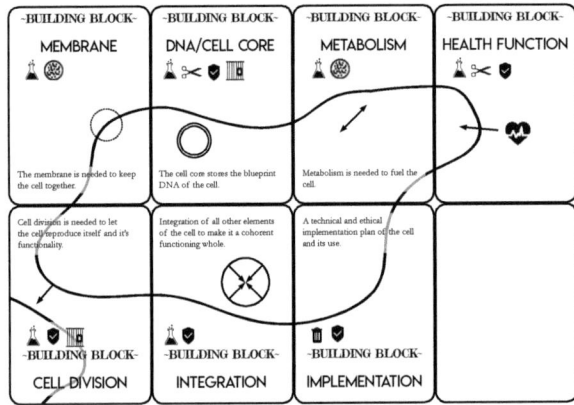

Fig. 3:   Cell cards of MachiaCELLi.

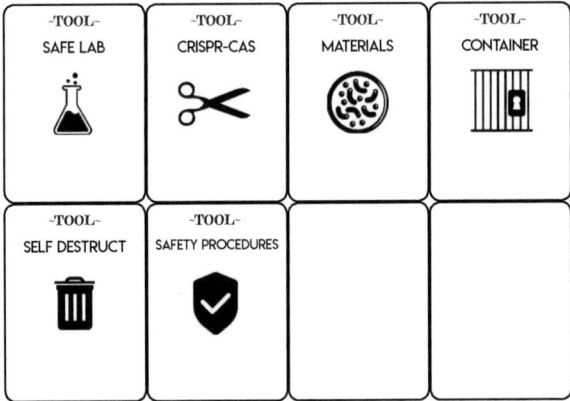

Fig. 4:   Tools of MachiaCELLi.

Furthermore, another important element of MachiaCELLi is the role change. Per round, players can choose between different roles that are either related to a function from the field of policy making, or from the field of science (see Fig. 5), e. g., a project manager, a scientist or a regulator. They all have certain characteristics and abilities (see Tab. 2). This change of roles should enable the players to take over the perspective of other parties in biotechnology and to understand the tasks, the associated advantages and disadvantages and areas of responsibility.

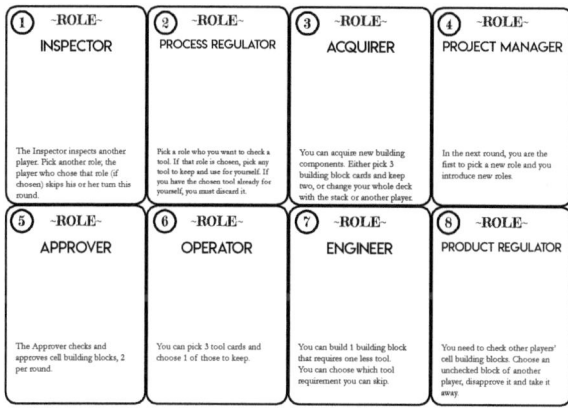

Fig. 5:   Roles of MachiaCELLi.

Each role has different abilities that mean a certain advantage, and allow for additional actions. All abilities are listed in Tab. 2. Roles are usually played by one player or groups of two players, in order to foster the decision-making process.

Role	Abilities
Inspector	The inspector chooses a character to be inspected in this round. If this named character is announced during that round, he/she misses a turn and cannot perform any actions in this round.
Process regulator	The process regulator designates a character to whom he/she wants to take away a tool in this round. If the named character is called, he/she identifies him/herself and must directly hand over a tool to the process regulator. If the process regulator already has this tool, it is placed under the stack of tools. If no one can be identified (e.g., because the character is under the stored cards), the process regulator does not get a tool.

Role	Abilities
Acquirer	The acquirer may purchase new cell cards. This can be done by either exchanging his or her cards with the cards of another player (also with different numbers of cards), exchanging his or her hand cards with the corresponding number of cards from the deck, or getting three cards from the deck and keeping two.
Project Manager	The project manager receives a figure. He/she is also the first to play in the next round and then announces the other characters. If no new project manager is identified in that next round, he/she will remain the project manager.
Approver	The Approver checks and approves cell building blocks, two per round.
Operator	The operator can get three tools and choose one of those to keep.
Engineer	The engineer can construct a cell part with one tool less than required.
Product Regulator	The product regulator designates a character to whom he/she wants to take away a cell part that has not yet been approved in this round. If the named character is called, he/she identifies him/herself and must directly hand over one of his/her unchecked cell parts to the product regulator. This cell part is then returned to the stack. If no one can be identified (e. g., because the character is under the cards), nothing happens.

Tab. 2:   Overview of the abilities of the different roles of MachiaCELLi (Freese, Lukosch 2019b).

The project manager makes the first move in a game round. This involves distributing five tools on the table. These are visible to all players. In addition, he/she shuffles all the character cards and places two cards open in the middle of the table and one card closed next to it. The project manager then looks at the remaining cards, selects one of the remaining characters, and places this card closed in front of them. He/she passes the remaining cards clockwise to the player. This has also the task of selecting a character, placing the card closed and passing the remaining cards to the left player. The same principle applies to the last of the four players. This one also keeps one card and places the last card closed in the middle of the table. In a second step, the project manager calls all the characters indicated on the map. The order of the characters has to be kept. If one player had the mentioned character card in front of him/her, he/she has to inform the others, make the corresponding card visible for all players and perform the move related to this character. In case, that no player has the mentioned card (e. g., because the character was under the discarded cards), the project manager calls the next character. One round ends after all eight character cards had been played.

Each player can choose one of the following actions (after the characteristics of a character has been played out):

- A new cell part card can be picked from the hidden stack or
- It is possible to place a new cell part from the hand in front of the player on the table and continue building the cell or
- One new tool can be selected from the five open tools or
- An already built cell part can be approved.

The game ends as soon as one player has built and approved all seven cell parts.

4.   Discussion and Conclusions

The present paper focuses on how we can use elements of entertainment games for the development of simulation games. Based on a three step-approach, we explained the analysis of a specific content, in our case biotechnology, and the analyses of game as well as learning mechanics. If doing so, it is crucial to find a good balance between fun and seriousness (Terdiman 2006), focus on a good instruction to a simulation game and consider the important role of a debriefing.

This application has shown how we used entertainment game mechanics that have proven their usefulness, and applied a game design approach that takes the purpose or meaning of a game into account. A careful selection of useful game elements has to be done when translating an entertainment game into a serious one. For example, there are actions in the Citadels game that can mean harm to other players. This is a very strong mechanic that fosters the engagement of players in the entertainment game version. It has to be tested whether players appreciate this mechanic in a simulation game, and what effect this will have on the game dynamic and the learning outcome. On the other hand, many entertainment games include elements that can be turned into powerful learning mechanics. In Citadels, the role change adds to the flexibility of the game play, keeping the otherwise relatively repetitive game actions interesting and challenging. This element is used in the serious version to highlight the different perspectives that are involved in the case of biotechnology research and related policy making. In an additional debriefing, these mechanics can be discussed and used for transfer to reality.

One aspect of using entertainment games for the development of simulation games has not yet been addresses so far. This is related to the Intellectual Property (IP) rights related to respective game elements. We chose distinct game elements we expect to be valuable for the purpose of our game. In the new concept, and in the new combination, a whole new game evolved. We assume that similar development processes often happen in the field of simulation game design, and it would be great to establish proper ways to acknowledge each other's creative development work.

Acknowledgements

This paper was written as part of the research program T-TRIPP: Tools for the Translation of Risk research into Policies and Practices, supported by the Netherlands Organization for Scientific Research (NWO) under grant number 15809.

References

Bartschat, Daniel, & Schwägele, Sebastian (2014): SAGSAGA-Netzwerktreffen zum Thema Debriefing [SAGSAGA network meeting on the subject of debriefing]. PLANSPIEL+ - DER BLOG, Available via https://zms.dhbw-stuttgart.de/de/planspielplus/blog/details/2014/12/01/sagsaga-netzwerktreffen-zum-thema-debriefing/36/ [04-09-2019].

BoardGameGeek A (n.d.): Citadels (2000). Available via https://boardgamegeek.com/boardgame/478/citadels [04-09-2019].

BoardGameGeek B (n.d.): Eurogame. Available via https://boardgamegeek.com/wiki/page/Eurogame [04-09-2019].

Bradley's, F. G. (n.d.): Citadels Rulesbook. Available via https://www.fgbradleys.com/rules/rules2/Citadels-rules.pdf [04-09-2019].

Clegg, Dai, & Barker, Richard (1994): Case Method Fast-Track: A RAD Approach. Boston, MA, United States: Addison-Wesley.

Crookall, David (2010): Serious games, debriefing, and simulation/gaming as a discipline. In: Simulation & Gaming, vol. 41, No. 6, p. 898-920.

De Bruijn, Hans, & Herder, Paulien M. (2009): System and actor perspectives on sociotechnical systems. In: IEEE Transactions on Systems, Man and Cybernetics, Part A: Systems and Humans, vol. 39, No. 5, p. 981-992.

Duke, Richard D. (1974): Toward a general theory of gaming. In: Simulation & Gaming, vol. 5, No. 2, p. 131-146.

Faidutti, Bruno (2000): Boardgame Design by Bruno Faidutti. Available via http://faidutti.com/blog/?page_id=2 [04-09-2019].

Freese, Maria, & Lukosch, Heide K. (2019a): The funnel of game design - Proposing a new way to address a problem definition using the IDEAS approach. In: Wardaszko, M. (ed.): Simulation & Gaming. Through Times and Disciplines. Proceedings of the 50th Annual Conference of the International Simulation and Gaming Association (ISAGA), Warsaw (PL), 26.-30.8.2019, 149-161.

Freese, Maria, & Lukosch, Heide K. (2019b): Current versus future Technologies, Regulations and Risks – A Serious Game for Biotechnology [Aktuelle versus künftige Technolgien, Regularien und Risikien]. Lausitzer Verlag für Wirtschafts- und Sozialwissenschaften (in press).

Harteveld, Casper (2011): Triadic game design. London, England: Springer.

Rosenberg, Uwe (2014): Patchwork. Lookout Games.

Sicart, Miguel (2008): Defining Game Mechanics. In: International Journal of computer game research, vol. 8, No. 2.

Suttie, Neil, Louchart, Sandy, Lim, Theodore, Macvean, Andrew, Westera, Wim, Brown, Damian, & Djaouti, Damien (2012): Introducing the "Serious Games Mechanics" A Theoretical Framework to Analyse Relationships Between "Game" and "Pedagogical Aspects" of Serious Games. In: Procedia Computer Science, vol. 15, p. 314-315.

Terdiman, Daniel (2006): What's wrong with serious games? Available via http://news.cnet.com/Whats-wrong-with-serious-games/2100-1043_3-6052346.html [04-09-2019].

Rollenspiele im Planspiel - ein gewinnbringender Perspektivenwechsel

Michael Dietrich

Der gezielte Einbau von Rollenspielen während des Planspielverlaufs bietet verschiedene Vorteile. Neben der Funktion der allgemeinen Auflockerung lassen sich durch die szenische Darstellung und den dadurch angestoßenen Dialog gewinnbringende Perspektivenwechsel vollziehen. Der Dialog der Gruppe mit beispielsweise Einbrechern, Aktionären oder Mitarbeitenden fällt teilweise einfacher als mit einem Trainer/ einer Trainerin. Denkblockaden werden abgebaut, hierarchische Hürden überwunden und Kreativität gefördert. Dabei können sowohl der Lehrende als auch die Lernenden in Rollen schlüpfen. Eine Vielzahl von Praxisbeispielen aus der eigenen Lehr- und Trainertätigkeit untermauert den Ansatz.

The targeted installation of role-playing games during the course of the management simulation game offers various advantages. In addition to the function of loosening up, the scenic presentation and the triggered dialogue help to execute a profitable change of perspective. The group's dialogue with, for example, burglars, shareholders or employees is sometimes easier than with a trainer. Mental barriers are reduced, hierarchical hurdles are overcome and creativity is encouraged. Both the trainer and the students can slip into roles. The approach is supported by a large number of practical examples from the own teaching and coaching activities.

1.   Einleitung: Das Planspiel als Rollenspiel, das Rollenspiel im Planspiel

Rollenspiele sind nachgeahmtes Rollenverhalten. Auf spielende Art und Weise gibt man vor, ein anderer zu sein (vgl. Günther 2019, S. 7). Dabei geht es einerseits um die verschiedenen Rollen, die eingenommen werden, andererseits aber selbstverständlich um das Spiel an sich.

Friedrich Schiller schrieb über das Spiel in seinen Briefen zur ästhetischen Erziehung des Menschen: „Denn, um es endlich auf einmal herauszusagen, der Mensch spielt nur, wo er in voller Bedeutung des Worts Mensch ist, und er ist nur da ganz Mensch, wo er spielt." (Schiller 2009, S. 64). Durch das Spiel wird der Mensch ganzheitlich erfasst. Es ist dadurch der bloßen Lehre überlegen und hat somit etwas Natürliches, Menschliches inne. Dies machen sich Planspiele zunutze, indem sie den natürlichen Spieltrieb und Unternehmergeist (vgl. Kolshorn, Tomecko 1998, S. 181) sowie gruppendynamische Effekte (vgl. Britzelmaier, Eller 2006, S. 86) geschickt kombinieren, um die Studierenden dauerhaft zu aktivieren und zu motivieren. Als Ergebnis kann intrinsisch motiviertes bzw. interessiert motiviertes Lernen erzielt werden (vgl. Kern 2003, S. 106f.). Ermöglicht wird das durch das Freisetzen von Emotionen. Seminarinhalte und Selbst-Erlebtes werden von den Teilnehmenden bewusster wahrgenommen (vgl. Günther 2019, S. 13).

Letztendlich ist das Planspiel an sich auch ein Rollenspiel. Die Teilnehmenden schlüpfen immer auch in Rollen, z. B. von Geschäftsführern eines Unternehmens und leiten dieses in der Spielumgebung des Planspielseminars (vgl. Ameln, Kramer 2007, S. 150). In dieser Betrachtung soll allerdings die Methode eines separaten Rollenspiels als Ergänzung bzw. als Bestandteil des eigentlichen Planspielseminars thematisiert werden. Also eines zeitlich begrenzten Rollenspiels innerhalb des normalen Planspielverlaufs aus vornehmlich didaktischen Gründen.

2.   Ziele und Wirkung von Rollenspielen im Planspielseminar

Ein Rollenspiel im Seminarverlauf kann mit unterschiedlichen Zielsetzungen erfolgen. Je nach Konstellation können dabei natürlich auch mehrere Ziele parallel verfolgt werden.

- Unterstützung der Story des Planspiels
  Bleibt man mit dem Zusatzelement in der grundsätzlichen Story des Planspiels, wird diese dichter und intensiver wahrgenommen. Je mehr sich die

Teilnehmenden mit dem Spiel beschäftigen und je weniger sie von äußerlichen Einflüssen abgelenkt werden, desto größer wird der Effekt des Einlassens auf das Seminar und die Rollen. Erfahrungsgemäß erzielen sie hier auch die größten Lerneffekte, da Erfahrungswissen generiert wird.

- Einfacherer Zugang zu den Teilnehmenden und ihrem Wissen
  Durch eine offene und humorvolle Spielsituation und einen Rollenwechsel ist es besser möglich, die Blockaden zwischen den Teilnehmenden untereinander und insbesondere zwischen Teilnehmenden und der Seminarleitung aufzubrechen und abzubauen. Blockaden können z. B. durch Hierarchievorbehalte entstehen. Indem man in Rollen schlüpft wird ein offenerer Dialog ermöglicht zur gemeinsamen Wissenshebung.

- Aktivierung von Kreativität und Spontaneität
  Die Spielsituation in der Gruppe fördert die Freisetzung von Kreativität und Spontaneität. Durch die mit Spaß geförderte Motivation wird das Lernen unterstützt und Widerständen vorgebeugt (vgl. Ameln, Kramer 2007, S. 46ff.).

- Ermöglichung von Perspektivenwechseln
  Das Rollenspiel im Planspiel ermöglich die zeitlich begrenzte Einnahme einer weiteren Perspektive, losgelöst von der regulären Planspielrolle.

- Aufmerksamkeitsgenerierung
  Durch den Mix der Lehrtechniken wird gerade bei längeren Seminarveranstaltungen aktiv die Aufmerksamkeit gesteuert und der Lernprozess unterstützt.

- Erweiterung des Trainings im Bereich der Softskills
  Losgelöst von den betriebswirtschaftlichen Lerninhalten werden durch die Zusatzaufgabe Kreativität und soziale Kompetenzen gefördert. Ggf. verbunden mit der Verbesserung in Präsentationstechniken.

- Nutzung als Energizer
  Um einem Konzentrations- und Motivationsverlust im Laufe der Seminarveranstaltung entgegenzusteuern, werden in Trainings gerne zur Auflockerung sog. Energizer angewandt. Ein humorvolles Rollenspiel durch den Trainer kann diesen Zweck erfüllen. Kritische Zeitpunkte, in denen sich der Einsatz lohnt, sind typischerweise die Seminarphase nach dem Mittagessen oder auch am späten Nachmittag/Abend bzw. nach besonders anspruchsvollen Entscheidungsphasen.

- Beurteilung/Bewertungsgrundlage
  Der Gegensatz zur Verwendung als auflockernder Energizer ist die mögliche Verwendung des Rollenspiels als separaten Bewertungsbestandteil. So ist es

z. B. möglich, die Präsentation einer Gruppe als separate Leistung zu beurteilen und in die Gesamtwertung miteinzubeziehen.

3. Voraussetzungen und Empfehlungen für den Einsatz von Rollenspielen im Planspielseminar

Entscheidet man sich für den Einsatz von Rollenspielen, sollten einige Grundregeln beachtet werden:

- Offenheit sicherstellen

  Offene Lehrende und Teilnehmende sowie eine ebenso offene Seminaratmosphäre (vgl. Günther 2019, S. 13) sind die Voraussetzungen für den gelungenen Rollenspieleinsatz. Lehrende und Teilnehmende müssen sich auf die Situation einlassen. Wie bereits erwähnt, ist ab und an das zusätzliche Rollenspiel erst der Eisbrecher, um Barrieren zu überwinden und einen offeneren Dialog zu ermöglichen.

- Ausreichend Zeit einplanen

  Zur Vorbereitung durch den Lehrenden bzw. durch die Teilnehmenden ist entsprechend genügend Zeit einzuplanen. Selbst für ein teilimprovisiertes Rollenspiel der Seminarleitung, sollte für eine gründliche Vorbereitung viel Zeit eingeplant werden. Erfahrungsgemäß ist der benötigte Vorbereitungszeitraum deutlich umfangreicher als bei einem klassischen Seminarinhalt. Selbst bei einem improvisierten Vortrag ist auch für erfahrene Seminarleitungen eine teilweise Vorstrukturierung der zu behandelnden Inhalte zu empfehlen. Daneben ist zusätzlicher Zeitaufwand für die Umsetzung und Nachbesprechung zu berücksichtigen. Insbesondere die abschließende Besprechung ist wichtig zur Reflexion und Wissenssicherung (vgl. Demmerle et al. 2008, S. 255).

- Klare Kommunikation des Endes

  Das Ende des Rollenspiels ist deutlich zu kommunizieren. Alle Beteiligten sollten sich darüber im Klaren sein, wann das Spiel im Spiel endet. Der Anfang kann ggf. vom Lehrenden aus spontan sein, das Ende sollte akzentuiert sein. Diese Vorgehensweise unterstützt die sachliche Rückkehr zum eigentlichen Seminar und eröffnet die Chance zu einer abschließenden Reflexion.

- Humor ja, aber nicht übertreiben

  Das Rollenspiel kann humorvoll erfolgen, sollte aber insgesamt nicht zu albern werden, um die Qualität des Seminarrahmens nicht zu gefährden. Daher ist auch bei improvisierten Darbietungen zumindest eine Teilstrukturierung als roter Faden sinnvoll.

• Wortwahl beachten

Das Rollenspiel mit den Teilnehmenden als Akteure sollte möglichst nicht als „Gruppenaufgabe" angekündigt werden. Erfahrungsgemäß geht dies zu Lasten der Motivation und Kreativität der Gruppe. Es bietet sich meist an, die zusätzlichen Aufgaben im Rahmen im Kontext der Planspiel-Story anzukündigen: z. B. ‚Zur Sicherstellung ausreichender Finanzmittel sollen Sie am Freitag vor potentiellen Venture Capital Investoren pitchen.'

• Transparenz bei der Leistungsbeurteilung gewährleisten

Fließt das Rollenspiel in die Leistungsbeurteilung der Teilnehmenden ein, sollte das im Sinne der Transparenz und Chancengleichheit frühzeitig kommuniziert werden, keinesfalls erst im Nachhinein. Auch die Beurteilungskriterien sollten klar offengelegt werden.

4.   Rollenspielakteure im Planspielseminar

Der typische Fall ist sicherlich, dass die teilnehmenden Gruppen selbst ihre Planspielrolle beispielsweise im Rahmen einer Präsentation o. ä. intensiver spielen. Darauf muss der die Seminarleitung sich allerdings nicht beschränken. Neben dem klassischen Gruppenvortrag sind weitere Formate umsetzbar, außerdem kann die Seminarleitung selbst in die Hauptrolle schlüpfen oder Externe in das Rollenspiel mit einbeziehen.

4.1   Die Teilnehmenden als Hauptakteure des Rollenspiels

Im Seminarzusammenhang bietet es sich immer an, die teilnehmenden Gruppen intensiver in ihren Rollen spielen zu lassen.

So können z. B. Gruppenpräsentationen in die verschiedensten Situationen eingebunden werden:

• Strategiepräsentation vor dem Aufsichtsrat
• Jahreshauptversammlung vor den Aktionären
• Pressekonferenz
• Pitch vor Investoren
• Jahresgespräch in der Bank
• usw.

Es ist allerdings auch möglich ohne die klassische Gruppenpräsentation auszukommen und eine Gruppe beispielsweise zu bitten, einen Stammtischdialog über die aktuellsten Gerüchte hinsichtlich der Konkurrenten vorzubereiten und aufzuführen. Auch Rollenspiele einzelner Teilnehmenden sind denkbar, zumeist allerdings aufgrund des Zeitbedarfs nicht sehr praxistauglich, wenn man bei Seminaren alle Teilnehmenden berücksichtigen möchte.

Der Lerneffekt besteht auch darin, je nach gewählter Situation, eine adressatengerechte Kommunikation und Information darzustellen: Sensible Informationen aus der Kostenrechnung eignen sich beispielsweise nicht für öffentliche Veranstaltungen wie einer Pressekonferenz. Der Aufsichtsrat dürfte sich jedoch für derart intime Details interessieren. Welche Informationen sind für Eigenkapitalgeber im Vergleich zu Fremdkapitalgebern interessant?

Zu beachten ist, dass je nach Sensibilität der zu erwartenden Informationen, die restlichen Teilnehmenden der konkurrierenden Gruppen aus Wettbewerbsgründen von der Präsentation ausgeschlossen werden (z. B. Strategiepräsentation zu Beginn oder während des Planspiels).

Die Seminarleitung und ggf. die anderen Teilnehmenden können währenddessen die Rollen der Gegenseite einnehmen (Aufsichtsrat, Aktionäre, Presse usw.), um z. B. während des Vortrags oder im Anschluss Fragen zu stellen.

Ein erfrischendes Spiel-im-Spiel bietet sich zudem bei Planspielen mit Aktienkursen als Erfolgskriterium an. Stattet man alle Teilnehmenden mit einem fiktiven Budget für ein Aktienportfolio aus und lässt sie in jeder Spielphase parallel Investitionsentscheidungen (Kauf oder Verkauf von Aktien des eigenen oder der fremden Unternehmen) treffen, können die einzelnen Portfolioentwicklungen am Rande des Seminars auf Basis der Veränderungen der Aktienkurse mitgerechnet werden. In diesem Fall gewinnt eine Jahreshauptversammlung als Rollenspiel zusätzlich an Dynamik.

4.2   Die Seminarleitung als Hauptakteur des Rollenspiels

Für Lehrende bieten sich zwei Elemente des Planspielseminars an, die sich besonders für ein Rollenspiel eignen: die Theorieeinheit und die Ergebnispräsentation.

Theorieeinheit

Anstelle der Wissensvermittlung mit den klassischen PowerPoint-Folien: warum spielt die Seminarleitung den Inhalt nicht einfach mal vor? Natürlich gibt es hier Themen, die sich eher nicht dafür eignen wie die Einführung in die Bilanzstruktur, bei der Erläuterung von Kundenverhalten sieht das hingegen schon anders aus.

Ist man nicht die einzige Lehrkraft, so können auch die anderen Lehrenden mit in die Darstellung einbezogen werden.

Präsentation der Periodenergebnisse und Wirtschaftsprognose

Als Abwechslung können auch die Periodenergebnisse bzw. die Prognosen für die künftige Periode mit einem Rollenspiel in Szene gesetzt werden. Statt klassischer Balken- und Kuchendiagramme als szenische Darstellung in einer Rolle, z. B.:

- Die Arbeitnehmervertretung berichtet über den Arbeitsmarkt und die Arbeitsbedingungen in den Unternehmen.

- ein Einbrecher erläutert seine Beobachtungen: viel Liquidität bei Unternehmen X und lange Abwesenheiten aufgrund enormer Trainingsmaßnahmen.

- das Trainerteam unterhält sich bei einem Glas Wein über die aktuelle Marktlage und die neuesten Gerüchte über die Unternehmen.

4.3   Weitere mögliche Rollenspielakteure

Zur Bereicherung des Seminars bieten sich auch externe Teilnehmende eines Rollenspiels an: z. B. der Besuch eines (realen) Vertreters eines Berufsstands: ein Journalist, ein Banker, ein Personaler, ein Geschäftsführer o. ä.

Sie können gezielt für bestimmte Gruppenpräsentationen eingeladen werden, um sich am Dialog zu beteiligen, Feedback zu geben und ggf. die Leistungsbewertung zu unterstützen. Dies bietet zudem die Möglichkeit, das Seminar mit erfahrenen Vertreterinnen und Vertretern aus der Praxis aufzuwerten. Die Teilnehmenden profitieren dann vom reichen Erfahrungswissen auf der einen Seite und den Möglichkeiten zur Netzwerkbildung auf der anderen.

4.4   Praxisbeispiel 1: Teilnehmende als Hauptakteure an der Hochschule Pforzheim

Die Hochschule Pforzheim spielt im 7. Semester in den Lehrmodulen Logistik und Controlling das Planspiel TOPSIM Logistics. Als Abschluss der verschiedenen Phasen des Planspielseminars werden 4 verschiedene Präsentationen von den teilnehmenden Gruppen erwartet:

1. Strategiepräsentation
2. Bilanzpressekonferenz
3. finale Ergebnispräsentation
4. Bankgespräch

Für jede sind entsprechende Inhalte adressatengerecht aufzubereiten innerhalb einer vorgegebenen Zeit zu präsentieren. Die ersten drei Präsentationen werden zudem von der Spielleitung bewertet und fließen zusammen mit verschiedenen quantitativen Kennzahlen aus dem Planspielergebnis in die Berechnung einer Gesamtnote für das Seminar ein.

Das Bankgespräch ist von der Leistungsbeurteilung losgelöst. Die Ergebnisse der Planspielunternehmen nach Periode drei werden der lokalen Sparkasse zur Erstellung eines Finanzratings (aus Bilanz und Gewinn- und Verlustrechnung) übergeben. Die Bank ermittelt mit ihrer Rating-Software eine Note, wie sie auch ein vergleichbarer echter Kunde erhalten würde. Nach der sechsten Planspielperiode präsentieren die Planspielteams dann ihre Unternehmen in der Bank. Im Dialog mit dem Vorstandsvorsitzenden der Sparkasse müssen sie dann Rede und Antwort stehen. Ebenso wird erörtert, ob die Ratingerkenntnisse aus Periode 3 den künftigen Erfolg oder Misserfolg prognostizieren konnten und welche Auswirkungen eine derartige Einstufung für die Geschäftsbeziehung mit dem Kreditinstitut hätte (vgl. Binder et al. 2014, S. 108ff.).

4.5   Praxisbeispiel 2: Lehrende als Hauptakteure in einem Seminar für die Société Générale

Im Rahmen ihres konzernweiten Karriereprogramms veranstaltet die Société Générale SA in Europa und Afrika ein fünftägiges Planspielseminar für Führungs- und Potentialkräfte des KonzernS. Während des Seminars wird das ‚Bank Management Game' (TOPSIM) gespielt.

In einer vorgesehenen Theorieeinheit soll die Vermögenskundenberatung der Bank erläutert werden. Danach gilt es für die Teilnehmenden für dieses Geschäftsfeld Konditions- und Budgetentscheidungen hinsichtlich verschiedener Vermögensverwaltungsdisziplinen zu treffen. Da dieser Part zeitlich meist nach der Mittagspause eingeplant ist, eignet sich ein Rollenspiel als Auflockerung.

Ein Trainer mimt den Bankberater, ein Trainer einen reichen Kunden, der extra aus Russland für das Beratungsgespräch angereist ist. Mit etwas Requisiten (Beratungstisch, zwei Stühle, eine mit Wasser gefüllte alte Champagnerflasche und zwei Gläser, die aus dem Tagungshotel geliehen wurden) kann die Szene zusätzlich unterstützt werden. Der Kunde hat einen Termin bei dem besonders zuvorkommenden Berater, der ihm und sich selbst nach der Begrüßung erstmal ein Glas Schaumwein einschenkt. Beim Plaudern erläutert der Berater die Unterschiede der angebotenen Geldanlagemöglichkeiten, die verbundenen Konditionen und Ertragsaussichten in

Analogie zum Planspiel. Der Dialog wird sehr humorvoll mit Situationskomik vorgetragen und trägt neben der Wissensvermittlung zur Auflockerung der Seminaratmosphäre am Nachmittag bei. Im Anschluss an die Szene werden die vermittelten, für das Planspiel wichtigen, Inhalte nochmals via Präsentationsfolien wiederholt und Fragen der Teilnehmenden beantwortet.

5. Fazit

Zählt das Instrument der Gruppenpräsentationen durch die Teilnehmenden schon fast zum Standardrepertoire eines Planspielseminars, gehört für das Rollenspiel seitens der Lehrenden etwas Übung und sicher auch Überwindung dazu. Als Seminarleitung ist man immer auch für das Entertainment zuständig. Wohl gemerkt: Entertainment, nicht alberne Clownerie. Mit ein paar Requisiten ist es möglich, die Rolle aktiv zu unterstützen. Schon eine Schirmmütze kann helfen, die normale Rolle als Seminarleitung zu verlassen und den Teilnehmenden zu signalisieren: ich bin jemand anderes.

Das Vorgenannte soll zur Inspiration einen Abriss der mannigfaltigen Möglichkeiten der Einbindung von Rollenspielen und daraus erwachsenden Chancen darstellen, die sich im Seminaralltag bieten. Probieren Sie es aus, es lohnt sich.

Literaturverzeichnis

Ameln, Falko von; Kramer, Josef (2007): Organisationen in Bewegung bringen - Handlungsorientierte Methoden für die Personal-, Team- und Organisationsentwicklung, 1. Aufl., Heidelberg.

Binder, Bettina; Dietrich, Michael; Wenzel, Angela (2014): Performance Messung zur Ergebnis- und Liquiditätssteuerung mit Hilfe eines interaktiven Planspiels, in: Schwägele, Sebastian; Zürn, Birgit; Trautwein, Friedrich (Hrsg.): Planspiele - Erleben, was kommt, 1. Aufl., Norderstedt, S. 103 - 116.

Britzelmaier, Bernd; Eller, Brigitte (2006): Der Einsatz von Unternehmensplanspielen in der Controller-Ausbildung, in: Holzbaur, Ulrich; Liesegang, Eckart; Müller-Markmann, Burkhardt (Hrsg.): Planspiele in der Hochschullehre - Hochschuldidaktische Impulse, 1. Aufl., Karlsruhe, S. 78 – 89.

Demmerle, Christina; Schmidt, Jan Martin; Hess, Michael; Schneider; Peter; Ryschka, Jurij (2008): Basistechniken der Personalentwicklung, in: Ryschka, Jurij; Solga, Marc; Mattenklott, Axel (Hrsg.): Praxishandbuch Personalentwicklung - Instrumente, Konzepte, Beispiele, 2. Aufl., Wiesbaden, S. 253 - 301.

Günther, Manfred (2019): Pädagogisches Rollenspiel - Wissensbaustein und Leitfaden für die psychosoziale Praxis, 1. Aufl., Wiesbaden.

Kern, Martin (2003): Planspiele im Internet - Netzbasierte Lernarrangements zur Vermittlung betriebswirtschaftlicher Kompetenz, 1. Aufl., Wiesbaden.

Kolshorn, Rainer; Tomecko, Jim (1998): Das unternehmerische Potential verstehen und fördern, in: Faltin, Günter; Ripsas, Sven; Zimmer, Jürgen (Hrsg.): Entrepreneurship - Wie aus Ideen Unternehmen werden, 1. Aufl., München, S. 169 – 196.

Schiller, Friedrich (2009): Über die ästhetische Erziehung des Menschen - Kommentar von Stefan Matuschek, 1. Aufl., Frankfurt am Main.

Planspielseminare gut konzipiert, kommuniziert und umgesetzt

Didaktische Erkenntnisse, Problemfelder, Lessons Learned und Best Practices im praktischen Einsatz

Torsten Forberg

Im vorliegenden Artikel werden protokollierte Feedbacks von Teilnehmenden aus Planspielseminaren hinsichtlich verschiedener Kategorien ausgewertet. Aus diesen Feedbacks werden für die praktische Umsetzung von Planspielen Rückschlüsse formuliert (Lessons Learned). Abschließend wird anhand eines vom Autor entwickelten Fishbone-Diagramms aufgezeigt, welche Elemente qualitativ hochwertige Lehre mit Planspielen enthalten sollte.

This article gives insight in recorded feedback from participants of business simulation games, that is evaluated regarding different categories. From these feedbacks conclusions are formulated for the practical implementation of business games (lessons learned). Finally, a fishbone diagram developed by the author shows which elements should be included in high-quality teaching with business simulation games.

1. Problematik und Ziele

Planspiele und Wirtschaftssimulationen bieten umfassende Möglichkeiten, intensive, motivierende, fachlich fundierte und effiziente Seminare für den kaufmännischen Bereich zu gestalten. Allerdings sichert der bloße Einsatz des Spieles noch keinen Lern- bzw. Studienerfolg. Zentrale Aspekte in dem Setting der Lehrveranstaltungen sind (vgl. Forberg, 2008a, S. 5 und Dubs, 1996, S. 62):

- die Einbettung in eine fachtheoretische Wissensbasis,
- ein Aufbau einer an der Realität orientierten Rollenverteilung,
- ein Commitment mit den Teamaufgaben und nicht zuletzt
- das Abfordern einer überprüfbaren Einzel- und Gruppenleistung.

Nicht nur die Welt der Wirtschaft selbst, sondern auch die didaktische Gestaltung eines Planspielseminares ist hoch komplex. Es fließen verschiedenste Aspekte der Akteurinnen und Akteure, Eingangsvoraussetzungen, Zielstellungen und Rahmenbedingungen ein.

Evaluationsergebnisse abgeschlossener Lehrveranstaltungen polarisieren häufig von starker Begeisterung („sehr gut", „toll", „super") bis hin zu deutlicher Ablehnung („überfordert", „sehr schlecht", „frustrierend"). Dies kann (vgl. Forberg 2008a, S. 26) auf verschiedene Merkmale der lernenden Person (Motive, Selbstkonzept, Interesse, Vorwissen, Erwartungen und Valenzen), der Situation (Planspielgestaltung, Leistungsanforderungen, Gruppendynamik und Wettbewerb) und im Kern auch auf Defizite im Grundverständnis von Lehren und Lernen mit Planspielen / handlungsorientierter Didaktik zurückgeführt werden.

In diesem Beitrag wird als Tool ein Fishbone-Spider-Diagramm für Planung und Kommunikation von planspielbasierten Lehr-Lern-Settings entwickelt.

Es fließen ein:

- Impulse aus der wirtschaftsdidaktischen Theorie,
- praktische Problemfelder, die anhand von realen Evaluierungen inhaltsanalytisch erhoben, aufgespannt und systematisiert werden sowie
- Best Practices und Lessons Learned des Autors.

Fokus ist, komprimiert Impulse zu geben, was Lehrende, Lernende und Administration über das Studieren/Lernen mit Planspielen (a) wissen, (b) vereinbaren, (c) entscheiden und (d) kommunizieren sollten, damit das Planspiel motivierend, in den verschiedensten Dimensionen lehrreich und erfolgreich eingesetzt werden kann.

Ziel dabei ist insbesondere, dass alle Akteurinnen und Akteure die facettenreichen Ansätze der Planspieldidaktik grundsätzlich verstehen, für sich akzeptieren und sachkundig umsetzen bzw. anwenden können. Nicht Gegenstand dieses Beitrages sind kaufmännische Fachinhalte des Planspiels, worauf u. a. bei Eiselt (2018, S. 21), Forberg (2008a, S. 111) und Forberg (2008b, S. 3) eingegangen wird.

2. Blick in die Theorie - Gestaltung der Lernumgebungen

Die evaluierten und hier ausgewerteten Lehrveranstaltungen wurden weniger intuitiv, sondern grundsätzlich von Didaktiktheorie geleitet geplant und umgesetzt. In der Abbildung 1 sind diese Gestaltungskriterien zusammengefasst und bei Forberg (2008a, S. 103) detailliert beschrieben.

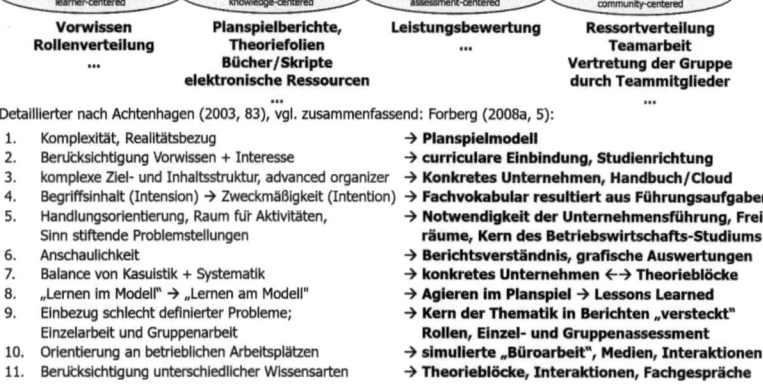

Abb. 1: Blick in die Theorie – Gestaltungskriterien und Umsetzung Quelle: Bransford et al. 200, S. 131

Dieser Beitrag ist demnach in einen größeren, längerfristigen Prozess eingeordnet:

1. erste (intuitive) Planspielseminare,
2. Theoriesichtung, Systematisierung der Gestaltungskriterien,
3. Umsetzung der wissenschaftlichen Hinweise in langjährig durchgeführten Seminaren,
4. Intuitive Reflexion,
5. Systematische Auswertung von Evaluierungen und
6. Entwicklung eines Tools zu Systematik und Kommunikation.

3.   Original-Töne aus den Seminaren – Praktische Problemfelder

Zur Erhebung der Teilnehmer*innenstimmen wurden 53 Feedbacks aus plan-spielbasierten Lehrveranstaltungen des Autors ausgewertet. Eingesetzt wurden die TOPSIM-Planspiele easy Management, General Management und Global Manage-ment. Die Evaluierungen erfolgten akademieseitig unter Nutzung der gängigen Eva-luierungsbögen. Untersuchungsgegenstand sind ausschließlich Freitextkommentare, wobei hier deutliche Ausprägungen in den Fokus gestellt und Durchschnittskommen-tare zurückgestellt wurden. Die Aussagen wurden kategorisiert und jeweils gegen-sätzlichen Polen zugeordnet, die den Gegenstandsbereich umfassend aufspannen. Quantitative Aussagen können an dieser Stelle nicht abgeleitet, jedoch auf Basis die-ser hier herausgebildeten Kategorien künftig untersucht werden.

3.1   Generell positives versus generell negatives Fazit

In diese Kategorie wurden Kommentare eingeordnet, die sich auf die Lehrveran-staltung als Gesamtes beziehen und keinen Teilaspekt hervorheben. Sie stellen eine Art schlussfolgernde Gesamtsicht auf das Lehr-Lern-Arrangement dar.

–	+
„It was the worst course ever"	„Planspiel mit seinen Facetten ist super Lernmethode", „klasse, würde ich sofort weiterempfehlen", „Methodik vielfältig"
„größter Mist was ich bisher gemacht habe"	„interaktives Lernen", „mehr davon!" „Geld ist geil!", bin „froh, etwas zu lernen, und enttäuscht, dass dies im Studium vorher nicht der Fall war"
„Spiel gefällt mir persönlich nicht"	habe gelernt, „dass mir grundlegende Dinge in BWL fehlen"
„keine Lust mehr auf das Spiel"	„good management simulation to show how real life business works which I think is the most critical part of doing master studies"
„bin unter Druck", „wütend", „über-fordert", „gelangweilt", „gestresst", „genervt", „müde", „ausgelaugt", „demotiviert"	„hab noch nie so eine steile Lernkurve gehabt", „großer Lerneffekt"

–	+
„Seminar ist kräftezehrend", „durch Masse an Inhalten demotivierend"	„eine Million ist gar nicht so viel"
„Jobwahl (als BWLer) wird überdacht"	„Wirtschaft ist erbarmungslos",„Motivation pur", „bin glücklich"
„bringt mir überhaupt nichts für mein weiteres Leben, werde nie selbstständig"	
„ohne Genies im Team wären wir aufgeschmissen!"	

Tab. 3:   Positives versus negatives Fazit

Deutlich wird, dass hier das Grundverständnis über Sinn und Ziele des Planspieleinsatzes – insbesondere auch nach Beendigung – stark unterschiedlich ausgeprägt ist.

Lessons Learned:

1. klare Kommunikation über Planspieldidaktik vor und während der Lehrveranstaltung,
2. unmissverständliche Verdeutlichung, dass Seminare mit Planspielen eigenverantwortliches Lernhandeln nicht nur ermöglichen, sondern zwingend auch erfordern,
3. Sensibilisierung für Notwendigkeit von Lehrzielen auch in höheren kognitiven Taxonomiestufen, vgl. Anderson, Krathwohl 2001, S. 47:

   1   Wissen
   2   Verstehen
   3   Anwendung
   4   Analyse
   5   Synthese
   6   Evaluation

4. offenes Feedback aller Seiten auch innerhalb der Lehrveranstaltung und
5. Absenken der gelegentlich verbreiteten Erwartung, dass im realen Seminarbetrieb tatsächlich alle Teilnehmenden erreicht werden.

3.2   Passive versus aktive Studierendenhaltung

Durch diese Kategorie wird deutlich, dass vielerorts eine passiv-rezeptive Lern-
haltung (vgl. Reinkensmeier 2001, S. 49) existiert, die grundsätzlich in jedem Lernprozess, insbesondere aber bei Handlungsorientierung, problematisch ist.

−	+
„Es ist nicht genug Hintergrundwissen zum Planspiel vorhanden"	„Es war gut, ins kalte Wasser geworfen zu werden", „wir mussten uns selbst- ständig auseinandersetzen"
(es wurde) „nicht bei einem Wissens- stand 0 angefangen"	„anfangs leicht überfordert und später fanden wir aber gerade das sinnvoll, weil man viel mehr gelernt hat"
Dozent soll „mehr nachhaken, ob alles verstanden wurde"	„selbst Verantwortung übernommen durch Gruppenarbeit", „Priorisierung und Strukturierung (sind wichtig)"
„ausreichend vorher erklären"	„Multitasking arbeiten unter Zeitdruck", „sehr guter Praxisbezug durch Erarbei- tung und Umsetzung in Eigenregie"
„verdeutlichen und vorrechnen für alle, sonst ist man planlos im Planspiel"	„gelernt, effektiv zu sein und Schwie- riges selbstständig zu erarbeiten", „angemessener künstlicher Druck mit ständigem Verweis auf Selbststudium ist durchaus eine gute Strategie", „Plan- spiel motiviert", dadurch „Verständnis statt stumpfes auswendig lernen"
„Leider haben wir das Spiel nicht erklärt bekommen."	„Man lernt auch viel über sich selbst"
„Das Planspiel TOPSIM-Management wurde leider nicht gut vermittelt."	
„professor did have the knowledge just not delivered in the right way"	

Tab. 4:   Passive versus aktive Studierendenhaltung

Durch diese gegensätzlichen Extrem-Positionen wird belegt, dass die Bereitschaft, sich eigenverantwortlich und eben handlungsorientiert mit Lehrinhalten ausei-
nanderzusetzen, unterschiedlich ausgeprägt ist. Kaufmännische Bildung ist eben kein
Angebot, das der Rezipient passiv konsumierend erfolgreich nutzen kann. Es sind –

wie in den Berufsfeldern, für die in der Regel ausgebildet wird – Antrieb, Motivation und Persistenz erforderlich, was einerseits Voraussetzung, andererseits auch Lehrziel darstellt.

Lessons Learned:

1. Fixierung und Kommunikation der Lehrziele und des Anspruchsniveaus,
2. Thematisierung dieser Aspekte als Bestandteil eines Management- bzw. Führungsprozesses,
3. Peer-Group-Review, um Gruppendynamiken positiv zu nutzen und
4. Scaffolding (Bereitstellung eines Orientierungs-„Gerüstes") und Fading (stufenweises Ausblenden der Lehrendeninteraktion bei Lernfortschritt), vgl. hierzu Dubs 1995, S. 897.

3.3 Absicherung „von oben" und Anleitung versus eigenverantwortliches Management

Auf der einen Seite im Entwicklungsprozess nachvollziehbar, jedoch im Sinne der Berufsqualifizierung veränderungsbedürftig ist die Auffassung, dass jemand „Übergeordnetes" sagt, reflektiert oder anweist, was richtig und falsch ist und was nunmehr zu tun sei. Bestrebungen, den Management-Prozess kleinteilig vorgegeben zu bekommen und vor dem Festlegen von Entscheidungen alles „absegnen" zu lassen, konterkarieren den Kern der handlungsorientierten Didaktik, Fehler zuzulassen, sie als hilfreich zu akzeptieren und aus ihnen zu lernen.

–	+
„überfordert, da es keine klaren Infos und Hilfestellungen gibt"	„Glücksgefühl bei erfolgreichen Perioden; Angst vor dem Versagen ist aber durchaus spürbar"
„allein gelassen", „zu sehr auf sich allein gestellt"	„zu Beginn unwissend, etwas unbeholfen, skeptisch, später mit Spannung, Motivation und Spaß in die nächste Runde"
„konfuse Zeitplanung, die den Teams vorgegeben wird"	„hitzige Diskussionen, aber danach ist alles wieder gut", „hohe Motivation trotz Schwierigkeiten & Problemen", „gutes Level", „Grenze zur Komfort-Zone"
„wir wurden nicht richtig betreut"	

−	+
„Fragen wurden nicht beantwortet"	
„geringe Hilfestellung von Dozenten verringert die Motivation"	

Tab. 5: Absicherung „von oben" und Anleitung versus eigenverantwortliches Management

Lessons Learned:

1. konsequentes, jedoch begründetes und rhetorisch gut verpacktes Ablehnen von Bestätigungsansinnen der Teilnehmenden,
2. Emanzipation des „simulierten Managements" durch klare Rollenkommunikation,
3. Optimierung des Wordings von „es gibt keine Hilfe" zu „Team darf eigenständig, ungegängelt und frei agieren",
4. Beratungs-/Hilfesequenzen on request und
5. Diskussion von (verkürzten) didaktischen Gestaltungskriterien (vgl. Abb. 1) unter Einbezug eines hierfür geeigneten Zitates, z. B.

„Menschen gewinnen Sicherheit, wenn ihnen gesagt wird: Dies ist richtig, jenes ist falsch. Aber so einfach ist das nicht. Ein Lehrer kann Dir lediglich einen Hinweis geben. Er kann Dir lediglich den Weg zeigen, er kann ihn aber nicht für dich gehen. Du musst die Wahrheit für Dich selbst finden" (Mitsugi Saotome u. A., Aikido-Lehre).

3.4 Positive versus negative Bewertung von Stress und Ernsthaftigkeit

Lern- und Leistungsorientierung haben (vgl. Forberg 2008a, S. 41) hohen Einfluss auf Motivation und Lernerfolg. Zentrales Erfolgskriterium für Unterricht im Generellen und Planspiel im Speziellen ist, in welchem Maße das Arrangement als ergänzendes „nice-to-have"-Angebot, oder als ernst zu nehmende Kern-Lehrveranstaltung betrachtet wird (vgl. Forberg 2010, S. 129).

−	+
„sehr unangenehme, gestresste Lernatmosphäre"	„Planspiel war sehr gut und fordernd"
„erzwungene Mitarbeit"	„viel Freiraum durch Gruppenarbeit", „Prima!", „ich habe „unglaublich viel gelernt (...) und viele Zusammenhänge verstanden"
„Zeitrahmen zu straff", „max. Arbeitsauslastung 110% gilt nicht für Vorstandsmitglieder"	„Auch, wenn es sehr umfangreich war, kann ich nur sagen: TOLL", man hat „extrem viel gelernt, da man gezwungen war, sich durch ständige (spontane) Vorträge einzubringen und sich auch zu Hause vorzubereiten", das war „nicht so kuschelig"
„permanent unter Druck", „erschlagen vor lauter Theorie & Arbeit"	„fühle mich sehr wohl in meinem Team, glücklich, akzeptiert, gehört und gefordert", „100% Konzentrations-fähigkeit gefordert", „Belastbarkeit steigt"
„Zeitmanagement ist schwierig, wenn ständig neue Anforderungen kommen"	„EXTREM lehrreich mit absolutem Praxisbezug (VWL, BWL, ReWe, soziale Kompetenzen, Investition, Finanzierung, Marketing)"
„Engagement (der Lehrkräfte) für das Fach ist schön, aber das kann nicht in gleicher Weise von den Studenten verlangt werden"	„alle Gruppen wurden vom Planspiel mitgerissen", „Planspiel wurde mit Ernsthaftigkeit durchgeführt".
es war „aufgrund des straffen Zeitplanes absolut nicht möglich, sich intensiv hinein zu denken und alle Abläufe genau zu verstehen"	
(Dozierende sollen) „einfach mal nichts so ernst nehmen und entspannter an das Fach herangehen".	

Tab. 6:   Positive versus negative Bewertung von Stress und Ernsthaftigkeit

Natürlich können mit Planspieleinsätzen verschiedene Zielsetzungen verfolgt werden. Es ergeben sich unterschiedliche Vorgehensweisen, je nachdem, was gestaltet werden soll:

- eine einführende Kick-Off-Lehrveranstaltung zum Kennenlernen der Teilnehmer*innen,
- eine umfangreichere Grundlagen-BWL-Lehrveranstaltung mit höherem Gewicht im Curriculum,
- ein vertiefendes Modul in Controlling/Finanzwirtschaft,
- ein Motivationstraining für Führungskräfte in einem Seminarhotel oder
- ein bilinguales Training Planspiel und Wirtschaftsenglisch (vgl. Forberg, Scheinert 2014, S. 151).

Es gibt auch hier kein „Richtig" oder „Falsch", in hohem Maße bedeutend ist jedoch ein Fit zwischen Intention & Zielen, Vorgehen und Ergebnissen.

Lessons Learned:

1. Thematisierung der Relevanz und der Ziele der Lehrveranstaltung,
2. Verdeutlichung der Komplementarität von „Ernsthaftigkeit" und „Spaß",
3. Grundsätzlich ernsthafte und professionelle Durchführung unter ausgewogener Balance zwischen intensiven und weniger intensiven Sequenzen und
4. klare und unmissverständliche Adressierung von Erwartungshaltungen über Ernsthaftigkeit und Zulassen von „Spaß", wenn das Seminar grundsätzlich in die richtige Richtung verläuft.

3.5   Zwischenfazit

Aus den Rückmeldungen und den Schlussfolgerungen werden drei Kommunikationsbereiche sichtbar, die bei Planung, Durchführung und Abschluss planspielbasierter Lehrveranstaltungen optimiert bedient werden sollten:

1. Systematik bei der Planung, Nicht-Auslassen zentraler Bereiche (Reminderfunktion),
2. Kommunikation mit Bildungsakteuren und
3. Kommunikation mit Teilnehmenden.

4.   Entwicklung eines Tools: Planspiel-Fishbone-Spider-Diagramm

Das in der Organisationstheorie verbreitete Fishbone-Diagramm, auch Ursache-Wirkungs-Diagramm oder Ishikawa-Diagramm, kategorisiert verschiedene Ursachen, die auf ein Ergebnis (häufig: ein Problem) wirken (vgl. u. a. Schulte-Zurhausen 2013, S. 591 f.). Der Kerngedanke dieses generalistischen Instruments wird hier in die Wirtschaftsdidaktik übertragen und mit dem Operationalisierungs- und Visualisierungsziel des Spider-Diagramms (Punkte werden verbunden) kombiniert. Damit werden – abgeleitet aus der didaktischen Theorie (Kapitel 2), aus den Auswertungen der Evaluierungen (Kapitel 3) sowie aus Best Practices Kategorien systematisiert, die Relevanz für den Erfolg der planspielbasierten Lehrveranstaltung haben.

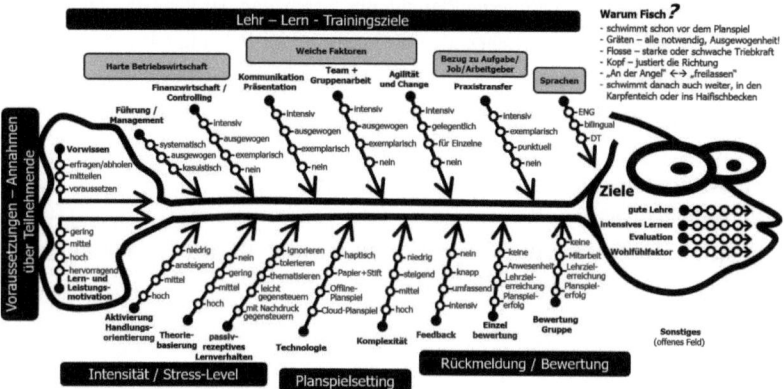

Abb. 2: Planspiel-Fishbone-Spider-Diagramm

Die in Abbildung 2 dargestellten Kategorien und Zuordnungen sind weitestgehend selbst erklärend und können in sich weiterführend vertieft werden. Warum das Ganze als „Fisch" visualisiert ist, ist in der Abbildung kurz beschrieben.

Die Anwendung dieses Tools bietet folgende Potenziale:

1. Einsatz bei Curriculumentwicklung und bei Planungen konkreter Lehrveranstaltungen,

2. systematisches und nach aktuellem Entwicklungsstand vollständiges Durchdenken aller Kategorien,

3. explizite Thematisierung der Teilnehmenden-Voraussetzungen,

4. bewusste Erfassung und Festlegung normativer Vorgaben und Rahmenbedingungen und

5. klares Herausstellen der generellen Lehrveranstaltungsziele (Kopf des Fisches).

Da in der Regel keiner dieser Punkte nicht vorhanden ist, kann der Fisch von einem schlanken Dasein (untere Ausprägungen) bis hin zu einem intensiven Setting (äußere Ausprägungen) gestaltet werden. Dabei soll nicht vermittelt werden, dass viel=gut ist. Hilfreich sind in jedem Fall klare Aussagen zu den Kategorien, insbesondere auch bei geringen Ausprägungen.

Dies kann im Sinne eines Gesprächsleitfadens in fünf Kommunikationsebenen sinnvoll eingesetzt werden:

a) Bildungsadministration zur Integration von Planspielen in die Curricula,

b) Lehrkraft für eigene/interne Planung und Schärfung der Perspektiven,

c) Kommunikation von Lehrkraft mit Akteuren der Bildung (Akademien, Leitungen, Management),

d) Kommunikation/Reflexion mit den Teilnehmenden

vor,

während und

nach der Lehrveranstaltung sowie

e) Bildungsadministration zur sachkundigen Auswertung von Evaluierungsergebnissen der Planspiel-Einsätze.

5.   Fazit und Ausblick

In dem entwickelten Tool sind Erkenntnisse aus der didaktischen Theorie, Implikationen aus den Evaluierungen und Best Practices aggregiert. Dies soll nicht zum Ausdruck bringen, dass es „den richtigen Weg" zu einem erfolgreichen Planspielseminar gibt. Grundsätzlich entwickelt jede Seminarleitung einen eigenen Stil, der erfolgreich sein kann. Das Modell soll dazu dienen, die subjektiven Erfahrungen, Sichtweisen und Ansätze um weitere Punkte zu erweitern, die in unterschiedlichen Kontexten unterschiedliche Relevanz besitzen. Insbesondere die zugrundeliegenden Feedbacks und die praktischen Erfahrungen sind stark vom Autor geprägt. Weiterführende Untersuchungen bei verschiedenen Lehrkräften wären hier interessant, ebenso wie eine qualitative und quantitative Evaluierung des Einsatzes des Modells sowie ggf. eine Fortschreibung bei neueren Erkenntnissen.

Festzuhalten bleibt, dass das Planspiel selbst keine „Wunderwaffe" ist, die allen Studierenden bei allen Lehrzielen in allen Kontexten gerecht wird. Wichtig sind klare Zieldefinitionen und von allen Beteiligten getragene Zielentscheidungen, eine in beide Richtungen ausgewogene Balance aus starker Führung durch die Seminarleitung und Gestaltungsfreiraum für die Teilnehmenden, eine Kommunikation und Diskussion über Methodik und Vorgehen und eine valide Reflexion und Evaluation der Ergebnisse in Verbindung mit einer sachkundigen Interpretation für Bildungsadministration, Lehrkräfte und Lernende.

Literaturverzeichnis

Achtenhagen, Frank (2003): Konstruktionsbedingungen für komplexe Lehr-Lern-Arrangements und deren Stellenwert für eine zeitgemäße Wirtschaftsdidaktik. In Kaiser & Kaminski (Hrsg.), Wirtschaftsdidaktik. (S. 77-98). Bad Heilbrunn / Obb.: Klinkhardt.

Anderson, Lorin W. & Krathwohl, David R. (2001). A Taxonomy for Learning, Teaching and Assessing. New York u.a.: Addison Wesley Longman, Inc.

Bransford, John. D., Brown, Ann L., Cocking, Rodney. R., Donovan, Suzanne. M. & Pellegrino, James. W. (2000). How People Learn, Brain, Mind, Experience and School. Washington D.C.: National Academy Press.

Dubs, Rolf. (1995). Konstruktivismus: Einige Überlegungen aus der Sicht der Unterrichtsgestaltung. Zeitschrift für Pädagogik, Bd. 41, Nr. 6, S. 889-903.

Dubs, Rolf. (1996). Komplexe Lehr-Lern-Arrangements im Wirtschaftsunterricht - Grundlagen, Gestaltungsprinzipien und Verwendung. In Beck, Müller, Deißinger & Zimmermann (Hrsg.), Berufserziehung im Umbruch - didaktische Herausforderungen und Ansätze zu ihrer Bewältigung. S. 159-172. Weinheim: Deutscher Studien Verlag.

Eiselt, Andreas. (2018). Erfolgreiche Unternehmensführung mit TOPSIM® - General Management, Stuttgart: Schäfer-Poeschel Verlag für Wirtschaft.

Forberg, Torsten (2008a). Auswirkungen von Präsentationen und Leistungsbenotungen im betriebswirtschaftlichen Unterricht - eine empirische Untersuchung am Beispiel eines Unternehmensplanspieles. Dissertation, Dresden: TUDpress.

Forberg, Torsten (2008b). Betriebswirtschaftlicher Wissenstest – konzipiert für die Einführung in die Allgemeine Betriebswirtschaftslehre mit dem Unternehmensplanspiel „Jeansfabrik" (Dresdner Beiträge zur Wirtschaftspädagogik Nr. 2/2008). Technische Universität Dresden, Fakultät Wirtschaftswissenschaften, Lehrstuhl für Wirtschaftspädagogik.

Forberg, Torsten (2010). Lehrveranstaltungen mit Unternehmensplanspielen - angenehme Abwechslung im Lernalltag oder harte Betriebswirtschaftslehre mit Lern- und Leistungsdruck?. In: Trautwein, Friedrich; Hitzler, Sebastian; Zürn, Birgit (Hg): Planspiele – Entwicklungen und Perspektiven. ZMS-Schriftenreihe 1, S. 129-140.

Forberg, Torsten & Scheinert, Silvia (2014): Planspiel und Wirtschaftsenglisch im Trainerdoppel – Konzeptionierung, Umsetzung und Reflexion eines bilingualen Trainings. In: Schwägele, Zürn & Trautwein (Hrsg), Planspiele – Erleben, was kommt: Entwicklung von Zukunftsszenarien und Strategien. ZMS-Schriftenreihe 5, S. 151-161.

Reinkensmeier, Sandra. (2001): Problemlösendes Handeln in der Ausbildung von Bankkaufleuten: Lehr und Lern-Arrangement zum Bankcontrolling. (1. Auflage). Wiesbaden: Dt. Univ.-Verlag.

Schulte-Zurhausen, Manfred (2013). Organisation. München: Vahlen Verlag.

GLOBE – Multinationales Planspiel zur virtuellen Zusammenarbeit in einer Krisensituation

Markus Bresinsky, Florian von Reusner

Digitale Kommunikation und das Führen virtueller Teams in komplexen Aufbau- und Ablauforganisationen sind mittlerweile aufgrund der Digitalisierung, Globalisierung und Vernetzung von Gesellschaft, Wirtschaft und Politik zu wichtigen persönlichen Schlüsselkompetenzen geworden, die im Studium und der Lehre nur in spezifischen Lern- und Lehrumgebungen erfahrungsorientiert trainiert werden können. Es gibt hier drei bedeutende Handlungsfelder, an denen sich gute Lehre in diesem Bereich orientieren sollte. Erstens in der Vermittlung sowie Einübung von digitalen Werkzeugen der Kommunikation sowie von Führungsaufgaben insbesondere bei virtuellen Teams und komplexen Projekten. Zweitens in der Vermittlung sowie Einübung einer anwendungsorientierten Anpassung und Abstimmung zwischen digitalen Werkzeugen und Führungsmethoden. Drittens in der Vermittlung und Einübung von Reflexion und Feedback zur Anpassung von Führung. Aus diesen Handlungsfeldern lassen sich Anforderungen an die Lern- und Lehrsituation ableiten. Notwendig ist ein erfahrungsbasiertes, an realen Arbeitswelten und Tätigkeiten orientiertes und durch reale Szenarios dynamisch interagierendes Lernumfeld. Aus dem traditionellen Fundus der Didaktik haben sich hierbei Plan- und Rollenspiele als besonders geeignet erwiesen. Aus der bestehenden Vielzahl der Planspiele ergibt sich aber ein wenig besetztes Feld die den Fokus auf digitale Kompetenzen und gleichzeitig Führungsbreite moderner Organisationen abbilden. Das Planspiel GLOBE, das seit 2013 zweimal im Jahr an der Ostbayerischen Technischen Hochschule Regensburg durchgeführt wird, hat den Anspruch, diese Lücke zu schließen und modular adaptiv die Themen digitale Kommunikation und das Führen virtueller Teams in einem politikrelevanten Handlungsfeld zu vermitteln. Fachwissenschaftlich geht es dabei zum einen um die Vermittlung von politikwissenschaftlichem Grundlagenwissen zum Aufbau und Ablauf multinationaler humanitärer Einsätze z. B. im Rahmen der Vereinten Nationen oder der Europäischen Union. Zum anderen geht es um die Vermittlung und Einübung von Kompetenzen, die in multinationalen Organisationen, für eine zeitsensitive und strategieorientierte Umsetzung von Projekten in virtuellen Teams über eine große Führungsbreite, von Bedeutung sind. Das Planspiel Globe ist durch die Kombination aus dem Anspruch der Trainingsziele für die Teilnehmenden und gleichzeitig dem Aufbau der Übung besonders.

Digital communication and the management of virtual teams in complex orga-nizational structures and processes has become an important key competence due to digitalization, globalization and the interconnection of society, economy and politics. There are three important fields of action in that context, which should be the orien-tation for good teaching in this area. Firstly, in the teaching and practice of digital tools for communication, control, monitoring and evaluation of leadership tasks, es-pecially in virtual teams and complex projects. Second, the teaching and practice of application-oriented adaptation and coordination between digital tools on the one hand and leadership and management methods on the other. Thirdly, in the teaching and practice of reflection and feedback for the adaption of leadership. From these fields of action, requirements for the learning and teaching situation can be derived. What is needed is an experience-based learning environment that is oriented towards real working environments and activities and dynamised by real scenarios. From the traditional resources of didactics, simulation and role-playing games have proven to be particulary suitable. There is a multitude of well-conceived simulation and role-playing games in a variety of application areas, especially in the field of economics. In the field of political sciences, there are also well-functioning simulation and role-playing games, but these usually leave little consideration for dedicated digital com-petences or focus on a strategic communicative level without reflecting the breadth and depth of leadership of modern virtual organisations. The simulation game GLO-BE, which has been conducted twice a year since 2013 as part of the BA IR degree programme, aims to close this gap and to convey the topics of digital communication and the leadership of virtual teams in a policy-relevant field of action in a modular and adaptive way. In terms of the subject matter, this involves, on the one hand, impar-ting basic political science knowledge on the structure and procedure of multinational humanitarian operations within the framework of the United Nations. On the other hand, the teaching and practice of competences that are important in multinational organisations for a time-sensitive and strategy-oriented implementation of projects in virtual teams across a wide range of leadership (number of teams and cooperation partners). LOBE in this form is novel and special. The uniqueness of this simulati-on game lies not only in the demand of the training goals for the participants, but also in the structure of the exercise. Students who have previously gained experience as participants in the exercise also accompany the preparation, implementation and evaluation. This in turn creates incentives for competence development, which are developed by the exercise control.

1. Einführung

Die Herausforderungen durch die Digitalisierung, Globalisierung und Vernetzung funktional ausdifferenzierter Systeme bestimmen zunehmend die Lebens- und Arbeitswelten in Gesellschaft, Wirtschaft und Politik. Instabilitäten und Gefahren in diesen komplexen sozialen, wirtschaftlichen und politischen Systemen übertragen sich dadurch schnell und sind nur bedingt kontrollierbar sowie steuerbar. Um den Anforderungen dieser aktuellen Entwicklungen gerecht werden zu können, gilt es für Akteure in diesen Systemen notwendige Analyse- und Handlungskompetenzen zu entwickeln. Spätestens mit dem Studium sollten die erforderlichen Fähigkeiten und Fertigkeiten vermittelt werden (vgl. Brynolfsson, McAfee 2014, S. 308). Zu den wichtigen Kompetenzen zählen hierbei der sichere Umgang mit virtueller Kommunikation, ein adäquater Umgang mit digitalen Informationen und Ressourcen sowie ein dem digitalen und virtuellen Umfeld angepasster Führungs- und Managementprozess.

Für die akademische Ausbildung in der Betriebswirtschaftslehre und Wirtschaftsinformatik existieren bereits erfahrungsorientierte Lernansätze, um gezielt diese Kompetenzen für ein digitales und virtuelles Umfeld auszubilden. In der Politikwissenschaft und insbesondere in der Disziplin Internationale Beziehungen und Außenpolitik gibt es ebenfalls Planspiele wie z. B. das internationale Model United Nations (MUN). Diese Planspiele thematisieren aber nur eingeschränkt bis überhaupt nicht die Themen virtuelle Zusammenarbeit und digitale Technologien für die Führungs- und Entscheidungsprozesse.

Um speziell diese Handlungs- und Arbeitsfelder in einem Politikumfeld zu thematisieren, existiert seit 2013 an der OTH Regensburg in der Fakultät für Angewandte Natur- und Kulturwissenschaften eine Projektplattform zur praxisorientierten Ausbildung von virtuellen wie digitalen Führungs-, Analyse- und Managementkompetenzen in politischen Handlungs- und Gestaltungsfeldern. Als spezielle Instanz dieser Projektplattform wurde die Planspiel- und Übungsserie GLOBE entwickelt.

GLOBE ist ein mehrtägiges Planspiel zum Training von virtuellen und digitalen Führungs-, Analyse- und Managementkompetenzen in einer komplexen, multinationalen Aufbau- und Ablauforganisation zur Führung und Koordination einer internationalen humanitären Stabilisierungsmission. Die Realitätsnähe und der Anwendungsbezug werden dadurch hergestellt, dass in der gegenwärtigen Implementierung von GLOBE der Einsatz der Vereinten Nationen (UN) in Afghanistan UNAMA (United Nations Assistance Mission in Afghanistan) abgebildet wird. Die grundlegende Konstruktion von GLOBE lässt es aber zu, dass schnell und flexibel andere reale Organisationen und Missionen abgebildet werden können.

Diese Anpassbarkeit und Skalierbarkeit der Übung GLOBE ist an dem Konzept eines Living Labs angelehnt. Ein Living Lab ist eine Form des Nutzer zentrierten Open Innovation Ansatz, bei dem gegenseitiges Lernen und Kooperation zwischen Wissenschaft und Gesellschaft im Vordergrund stehen (vgl. Eriksson et al. 2005, S. 4ff.). Damit wird erreicht, dass nicht nur die Ausbildung und das Training von Schlüsselkompetenzen im Fokus stehen, sondern in Anteilen auch die Entwicklung und das Ausprobieren neuer digitaler Werkzeuge sowie veränderter Ansätze von Führungs-, Analyse- und Managementkonzepten ermöglicht wird. Die Kombination von Ausbildung und Testumgebung sind in dieser Zusammensetzung für die praxisorientierte Lehre und angewandte Wissenschaft von besonderem Wert und ein Alleinstellungsmerkmal.

2.   Didaktischer und methodischer Rahmen und Aufbau

Didaktisch basiert das Konzept GLOBE auf einem mehrtägigen rollen- und szenariobasierten Planspiel mit umfassender Beobachtung, Evaluation und abschließender individueller Reflexion durch die Studierenden selbst sowie externer professioneller Rückmeldung an die Studierenden. Eine Besonderheit von GLOBE liegt dabei in der Möglichkeit für die Studierenden, an der Übung mehrfach auch in unterschiedlichen Rollen teilnehmen zu können. Damit gelingt es, mehrere Perspektiven und Einblicke in vergleichbare Abläufe zu gewinnen, was wiederum die Reflexion erhöht und das praxisorientierte Lernen vertieft. Um dies zu ermöglichen, werden zwei Arten von Begleitseminaren angeboten.

Im Begleitseminar der ersten Art nehmen die Studierende an der Übung als Trainierende teil. In dem Seminar erfolgt eine Vorbereitung auf die individuellen Rollen und Aufgaben sowie eine Einweisung in das Szenario. Mit einem Reflexions- und Transferprotokoll erbringen die Studierenden einen benoteten Leistungsnachweis. Die Präsenz- und Selbstlernphasen ergeben hierbei insgesamt eine Arbeitslast von zwei Semesterwochenstunden.

Eine didaktische Besonderheit ist die Integration der Studierenden in die Übungsvor- und -nachbereitung. Der Organisations- und Leitungsstab wird durch ein Begleitseminar der zweiten Art realisiert. Dabei werden die Aufgaben der Übungsdurchführung, Szenariogestaltung, Drehbuchgestaltung, Organisation der Rollenspieler, Übungsauswertung, Öffentlichkeitsarbeit sowie die Organisation von

Projektpartnerschaften vorbereitet und umgesetzt. Lernziel ist hierbei das umfassende Management von Trainingsplattformen einerseits sowie von Entwicklungsplattformen im Sinne eines Living Labs andererseits. Auch dieses Begleitseminar wird mit einem Leistungsnachweis im Sinne es Reflexions- und Transferprotokolls abgeschlossen und hat in der Summe eine Arbeitslast von vier Semesterwochenstunden.

Eine weitere Besonderheit von GLOBE ist die Möglichkeit, ohne größere Aufwendungen weitere Partner außerhalb der eigenen Hochschule modular in die Übung zu integrieren. GLOBE ist als multinationale Übung und als Übung virtueller Zusammenarbeit besonders darauf ausgelegt, internationale Gruppen von Partneruniversitäten oder Partnerorganisationen einzubinden. Hierzu besteht die Möglichkeit, in der Gestaltung des Szenarios weitere Organisationsanteile und Aufgabenstellungen zu definieren. Das Netzwerk der Partner umfasst mittlerweile nicht nur nationale und internationale Hochschulen, sondern auch Partnerorganisationen aus der Praxis, wie die staatliche Feuerwehrschule Regensburg, IKRK (Rote Kreuz), Ärzte ohne Grenzen sowie Analysten und Experten verschiedener Organisationen.

Großer Wert wird bei der Durchführung von GLOBE auf das realitätsnahe Rollenspiel gelegt, um das erfahrungsorientierte und situationsbasierte Lernen zu vertiefen. Hierzu werden Rollenspieler*innen vor Ort bzw. durch virtuelle Kommunikation eingesetzt, die aus der Erfahrungspraxis kommen. Wenn diese nicht zur Verfügung stehen, werden entsprechende Eingaben durch Studierende übernommen, deren Rollenspiele in Inhalt wie Form von Expert*innen gestaltet und trainiert wurden. Die Einbindung von Rollenspieler*innen aus der Praxis bildet auch eine Schnittstelle für das Ausprobieren und Entwickeln neuer technologischer oder organisatorischer Ansätze für Praxispartner. Damit kann ein Rollenspiel im Vorfeld in einen frei gestalteten Anwendungstest von Technologien und Verfahren umgewandelt werden. Auch dies stellt eine einzigartige Möglichkeit von GLOBE im Vergleich zu anderen Übungen und Rollenspielen dar.

Zur methodischen Organisation von GLOBE liegen eine umfangreiche Dokumentation sowie personengebundene Erfahrungen vor. Die übergeordneten Übungsziele mit abgeleiteten Lernzielen für die Teilnehmenden werden dabei durch die akademische Leitung und Modulverantwortlichen von GLOBE festgelegt. Durch Anleitung, Steuerung und Supervision mittels der Lehrenden werden die Studierenden dann schrittweise in der Vorbereitung, Durchführung und Nachbereitung begleitet und die Qualitätssicherung der Übung gewährleistet. Besonderes Augenmerk wird dabei auf die technologischen Rahmenbedingungen und die Anforderungen an die virtuellen und digitalen Kompetenzen gelegt. Die Entscheidung, welche digitalen Werkzeuge eingesetzt, welche virtuellen Kommunikationskanäle eröffnet und welche digitalen Führungs-, Analyse- und Managementaufgaben gestellt werden, erfolgt dabei in Abstimmung mit den beteiligten Partnern und in Übereinstimmung mit dem eingesetzten Szenario.

Methodisch wird die Übungsdurchführung durch eine eigene Aufbau- und Ablauforganisation umgesetzt. Der Mehrwert dieser Herangehensweise liegt dabei darin, dass die Organisation der Übungsdurchführung selbst wiederum als Training von virtuellen und digitalen Kompetenzen genutzt werden kann. Auch hier unterscheidet sich GLOBE von vielen anderen Planspielen und Übungen fundamental. Die Aufbauorganisation ist hierarchisch gegliedert und unterscheidet dabei Gruppen der Leitung, Szenariogestaltung, Auswertung, digitalen Technik und Unterstützung sowie Öffentlichkeitsarbeit. In der Ablauforganisation werden klassische wie agile Methoden des Projektmanagements eingesetzt.

Die Übungsauswertung stellt eine wichtige methodische Komponente dar. Durch eine interdisziplinäre Zusammenarbeit mit Fachexperten*innen aus den Bereichen Informatik, Pädagogik, Psychologie sowie Politik- und Kulturwissenschaft wird ein jeweils auf die Lernziele abgestimmtes Auswertungskonzept entwickelt. Durch die Erfassung technischer Daten, externer wie teilnehmender Beobachtungen, regelmäßig abgefragten Rückmeldungen durch die Teilnehmenden selbst sowie Bewertung von erarbeiteten Produkten durch ein Peer Review liegen umfangreiche Datenpunkte vor, die dann zusammengefasst in einem moderierten Prozess den Teilnehmenden zurückgemeldet werden.

GLOBE nutzt vielfältige didaktische Konzepte, ohne dabei den Fokus auf die Lernziele zu verlieren. Die Lernenden erhalten die Möglichkeit im Sinne eines partizipatorischen, problembasierten Lernens, durch praktische Anwendung eigenes Wissen mit neuen Aufgabenstellungen zu konfrontieren und dadurch erfahrungsbasiert neue Lösungen zu erarbeiten (vgl. Savery 2006, S. 9). Die realen Szenarien ermöglichen es, bewährte Führungs- und Managementverfahren zu trainieren. Andererseits erlaubt der Living Lab Ansatz, neuartige Verfahren, Technologien und Konzepte erfahrungsorientiert auszuprobieren.

Das bei GLOBE verwendete Prinzip des Planspiels ist eine erfahrungsbasierte Lehr- und Lernmethode zur Bildungsarbeit mit Fokus auf Handlungs-, Problem- und Konfliktorientierung. Die aktive Teilhabe an Prozessen der Problemlösung und Entscheidungsfindung wirkt didaktisch intensiver als klassischer seminaristischer Un-

terricht und erfüllt darüber hinaus einen wichtigen handlungspraktischen Bildungs-
auftrag. Das Szenario einer humanitären Hilfsmission ermöglicht es, Erfahrungen
aufzubauen, die nicht erst in der Realität erprobt werden sollten. Die Simulationen
komplexer, gesellschaftlich wie politisch bedeutender, Entscheidungssituationen unter Berücksichtigung einer passenden didaktischen Reduktion, ermöglicht realistische
Situationen in Kombination mit der Vermittlung der Zusammenhänge und der Ent-
scheidungsfolgen transparent und erfahrbar zu machen (vgl. Petrik und Rappenglück
2017, S. 19ff.). In diesen Simulationen können die Teilnehmenden dynamische Prozesse verstehen und erleben. Aufgrund von verschiedenen Rollen können sie einen
Perspektivwechsel einnehmen und interaktiv in einer Gruppe Konfliktlösungen erarbeiten und soziale Kompetenzen vertiefen. Diese Form von selbstgesteuertem Lernen
mit abschließendem Lerntransfer und Feedback ermöglicht den Studierenden, die
Prozesse aktiv zu erfassen und bei Lernwiederholungen nachhaltig zu implementie-
ren. Für einen verantwortungsbewussten Umgang mit gesellschaftlich und politisch
krisenhaften Situationen jeglicher Art ist daher zielführend, die notwendigen Kompetenzen durch die Kombination von Theoriewissen, anwendungsbezogenem Training
und Reflexion vorzubereiten (Vgl. Carrell 2004, S. 23). GLOBE bietet dafür die nö-
tigen Ansatzpunkte.

3.   Geschichte und Inhalt des GLOBE Planspiels

Die Idee, die zu dem Planspiel GLOBE führte, entstand 2013 infolge einer
Kooperation zwischen Prof. Markus Bresinsky von der OTH Regensburg und der
Fachhochschule des Bundes in Mannheim. Trotz der vielfältigen Adaptionsprozes-
se und Weiterentwicklungen blieb das Grundkonzept des Planspiels konstant: Das
Szenario, auf dem das dreitägige Planspiel aufbaut, basiert auf der Mission der Uni-
ted Nations Mission in Afghanistan (UNAMA). Die Aufgabenteilung obliegt einem
Field Office (FO), welches vor Ort operative Aufgaben erledigt und dabei von dem
Headquarter (HQ) als einem Reachback Office, strategisch und analytisch unterstützt
wird. Weitere Organisationseinheiten werden je nach Umfang modular eingebaut, so
z. B. strategische Think Tanks, Institutionen wie die Europäische Union (EU) oder
Nichtregierungsorganisationen (NGO).

Während der drei Tage werden, basierend auf einem im Vorfeld entwickelten
Skript, neben klassischen Aufgaben der Organisation (Lagedarstellung, Planungsauf-
gaben, Projektmanagement) eine Vielzahl von dynamischen Ereignissen und Eingaben wie beispielsweise eine Naturkatastrophe, mögliche Angriffe von Aufständischen

oder politische Entscheidungen wie der Truppenabzug der US-Streitkräfte simuliert. Die an dem Planspiel teilnehmenden Studierenden, die sogenannte Training Audience (TA), welche die Rollen der UN und weiterer Organisationen wie einer NGO oder Think Tanks übernehmen, soll nicht nur die klassischen Aufgaben bewältigen, sondern muss als erste Anlaufstelle auf die eingegangenen Informationen über neue Umstände reagieren.

Dabei soll eine Arbeits- und Kommunikationsstruktur geschaffen und auch unter dynamischen Bedingungen eingehalten werden. Die Teams im HQ und des FO sollen Veränderungen analysieren, bewerten und in einem gemeinsamen Lagebericht integrieren. Daraus abgeleitete Problemstellungen und Aufgaben sollen dann zu den richtigen Stellen zur weiteren Recherche, Bewertung und Umsetzung mittels einer hierarchisch angesetzten Entscheidungsfindung weitergeleitet werden. Von dem HQ können Anpassungen der Strategie vorgenommen werden, die von nachgeordneten Bereichen umgesetzt werden.

Des Weiteren werden verschiedene Rollenspieler*inner und Fachexperten*innen, sog. Subject Matter Experts (SME) in das Übungsszenario eingebunden. Dazu zählen beispielsweise Dozierende und Professor*innen der beteiligten Hochschulen sowie Expert*innen aus Organisationen oder Unternehmen mit Erfahrung in den betreffenden Leitthemen. In der vergangenen Übung vom Mai 2019 wurden unter anderen eine Führungskraft der zivil-militärischen Zusammenarbeit (CIMIC) der NATO, ein Mitarbeiter des Komitees des Internationalen Roten Kreuzes, Fachkräfte der staatlichen Feuerwehrschule Regensburg, ein Psychologe von Ärzte ohne Grenzen, ein Experte der Frauenhofer Gesellschaft für Cybersecurity sowie Dozierende und Expert*innen der Hochschule des Bundes eingebunden. Während die Rollenspieler*innen das Szenario inhaltlich voranbringen, geben die SME theoretischen Input zum ausgewählten Thema. Die TA wiederum verwendet und integriert zur Erarbeitung der ihnen zugewiesenen Recherche- und Planungstätigkeit diese Informationen. Zudem geben die Expert*innen persönlich Feedback zu den erarbeiteten Aufgaben und ermöglichen den Studierenden unmittelbare Lernerfahrungen.

Durch die Einbindung von nationalen und internationalen Studierenden mehrerer Hochschulen, wie der Fachhochschule des Bundes in Mannheim, der Karls-Universität Prag, der Hellenic University Crete, University of Glasgow, der Libertas Universität Dubrovnik und anderen entsteht ein komplexes Geflecht im internationalen und interkulturellen Kontext.

Die anspruchsvollen Aufgaben der Übungsplanung, Mitarbeit, Durchführung und

Nachbereitung sowie des Managements und der Koordination der unterschiedlichen Stakeholder werden von einem Projektteam von Studierenden im Rahmen des Kurses „Applied Training, Exercise and Analysis Management" der OTH Regensburg ausgeführt und begleitet. Im Konkreten arbeiten die Studierenden in verschiedenen Teams, aufgeteilt in folgenden Bereichen:

- Exercise Control (ExCon): Stakeholder Management, der Gewinnung von Role Player und SME, gesamte Übungssteuerung und -koordination.
- Scripting: Entwicklung des Übungsszenarios und der Aufgaben für die TA, Einbeziehung der Expert*innen und SME.
- White Cell (WC): Steuerung der Eingaben und Rollenspiele.
- Exercise Evaluation (ExEval): Beobachtung und Analyse der TA während der Übung; Entwicklung eines Stimmungsbildes mithilfe von Fragebögen und Interviews; Berichterstattung und Feedback nach dem Planspiel.
- IT und Real Life Support: Klärung von logistischen und rechtlichen Fragen vor, während und nach der Übung; Unterstützung der TA und des Projektteams bei logistischen und technischen Fragen.
- PAO (public affairs officer): Presse-, Öffentlichkeitsarbeit und Marketing; Dokumentation, Vor- und Nachbereitung der Informationen und Kontaktarbeit.

3.1 Lernziele

Das vorliegende Planspiel zeichnet sich wie eingangs beschrieben durch eine Vielzahl von Lernzielen aus. Das grundlegende Ziel des Planspiels besteht darin, den Studierenden die Möglichkeit zu bieten, die im Laufe des Studiums gelernten theoretischen Inhalte in einem praktischen Kontext anzuwenden und die für virtuelle wie digitale Führungs-, Analyse- und Managementaufgaben notwendige Kompetenzen zu entwickeln. Dadurch gewinnen sie Wissen über die konkrete Arbeit einer UN-Mission, diverse Krisensituationen, das komplexe Netzwerk von internationalen Organisationen sowie die Herausforderungen einer organisations- und ressortübergreifenden Zusammenarbeit.

Neben den Führungs- und Managementkompetenzen stehen die Analysekompetenz im Fokus der Lernziele. Die Studierenden sollen in ihrer Analyse- und Bewertungskompetenz trainiert werden, indem sie das Lageverständnis und Situationsbewusstsein (Situational Awareness) verbessern. Diese Kompetenz entsteht durch eine intensive Auseinandersetzung mit Veränderungen sowie der analytischen Bearbeitung, um die wechselhaften Lagebedingungen in Briefings und Reports wiedergeben zu können.

Letztlich fordert und fördert das Planspiel unterschiedliche Soft- und Social Skills. Dazu zählen Stresstoleranz, Umgang mit Ambiguität, kollegiale Zusammenarbeit in agilen Strukturen, Krisen- und Konfliktmanagement, Führung in interkulturellen Handlungssituationen oder virtuelle Kommunikationsfähigkeiten und digitale Kompetenz.

Im Detail werden, wie durch Rappenglück beschrieben (vgl. Patrik, Rappenglück 2017, S. 20), sowohl inhaltlich-fachliches Wissen (Wissen-Verstehen-Erkennen-Urteilen), methodisch-strategisches Lernen (Strukturieren-Entscheiden) als auch sozial-kommunikatives Lernen (Zuhören-Argumentieren-Moderieren-Präsentieren) als Lernziele angestrebt. Wie bereits an anderer Stelle ausführlich dargestellt (vgl. Bresinsky, Reusner 2018, S. 6) sind hierbei für GLOBE besonders zu benennen:

(a) (Virtuelle) Kommunikation und Zusammenarbeit,

(b) Situational Awareness und Organisationsmanagement,

(c) Informations- und Wissens Management, und

(d) Data Analytics.

Mögliche Beispiele für Wissen und digitale Fähigkeiten sind:

(a) (virtuelle) Kommunikation und Zusammenarbeit:
Synchrone und asynchrone digitale Kommunikationsverfahren; Priorisieren, Aufrechterhalten und Moderieren von Kommunikationskanälen; Einsatz innovativer Soft- und Hardware zur Förderung der Zusammenarbeit.

(b) Situationsbewusstsein (Situational Awareness) und Organisationsmanagement:
Vermeidung von Verzerrungen und Vorurteilen, Implementierung und Verwaltung von Warnsystemen; Vorhersage von Entwicklungen (Szenariodenken); Verständnis und Realisierung von Organisationsstrukturen und -prozessen, Organisation von Führungs- und Managementprozessen; vernetztes und kritisches Denken und Handeln.

(c) Informations- und Wissensmanagement:
Plattformmanagement; Datenspeicherverwaltung, Konfliktlösung und Synchronisation.

(d) Data Analytics:
Verwaltung und Bewertung von Referenzen und Ergebnissen; Einsatz von Instrumenten zur Datenanalyse.

Der Einsatz verschiedener Planspiele und Übungen in realer Ausbildung und im Training realer Organisationen, wie z. B. die LÜKEX (Länderübergreifende Katastrophenschutz Übung), die durch das Bundesamt für Bevölkerungsschutz und Katastrophenhilfe (BBK) alle zwei Jahre durchgeführt wird, oder die JOINT COOPERATION, die durch das Zentrum für Zivil-Militärische Zusammenarbeit in Nienburg/Weser jedes Jahr durchgeführt wird, zeigen die große Relevanz solcher Übungen und Krisensimulationen für einen hohen Standard der Ausbildung und Krisenvorbereitung (vgl. Carrel 2004, S. 23; UN OCHA 2018, S. 30 und S. 112ff.). Der Leitgedanke von GLOBE ist es, vergleichbar diesen Übungen realer Organisationen, die Zusammenarbeit über verschiedene Ressorts und Organisationen zu simulieren und die Studierenden in die Zusammenarbeit, Strategieentwicklung und Entscheidungsfindung realitätsnah einzuführen.

3.2   Durchführung der Übung

Die Durchführung des Planspiels (siehe Abb. 1) wird in GLOBE durch die aktive Teilnahme anerkannter Expert*innen und deren Feedback bereichert. Im Rahmen von Debriefing und Unterrichtseinheiten wird den Studierenden ein Lern- und Wissenstransfer angeboten.

Abb. 3:   GLOBE- Phasen des Planspiels (Quelle: eigene Darstellung)

Der Academics Day zwei Tage vor dem eigentlichen Event wurde eingeführt, da nicht nur inhaltliche, sondern auch technische wie organisatorische Bedingungen geklärt und getestet werden müssen. So ist es wichtig, dass alle Teilnehmenden die Tools und Prozesse kennenlernen, sich damit vertraut machen und bei Planspielstart ohne Zeitverlust angefangen können. Hinzu kommt, dass Hintergrundinformationen zu dem Szenario und Rollen erläutert werden. Die verschiedenen internationalen Teilnehmenden können bekannt gemacht und der dazugehörige Kontext erläutert werden. An dieser Stelle bietet sich noch einmal die Möglichkeit offene Fragen zu klären.

Die TA erhalten am Academics Day ihre Rollen mit fiktiven Namen, Rollenbeschreibungen und Gruppenzugehörigkeiten. Diese fiktive Identität ist wichtig, um eindeutig zwischen Realität und Simulation unterscheiden zu können.

Das Szenario, die humanitäre Hilfsmission der Vereinten Nationen (z. B. UNAMA), wird kurz vorgestellt und die verschiedenen Akteur*innen in ihrem Kontext erläutert. In diesem Falle sind die Protagonist*innen des Szenarios, das UN Headquarter (z. B. Schweiz, Genf), das UNAMA Headquarter (z. B. Afghanistan, Kabul), das UNAMA Field Office (z. B. Afghanistan, Masar-e-Sharif) sowie SME und Role Player.

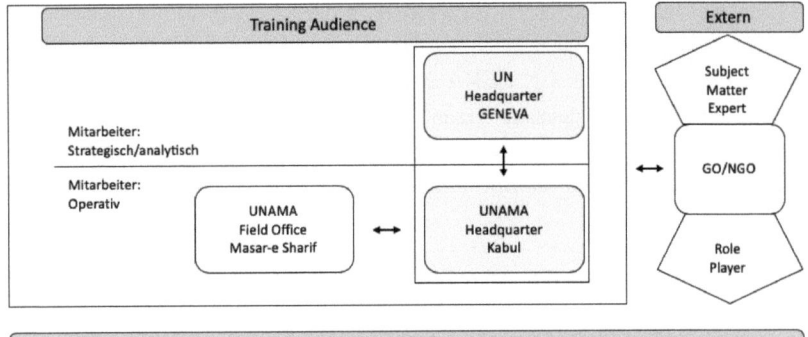

Abb. 4:   GLOBE-3-Akteure Modell (Quelle: eigene Darstellung)

Die Grundidee hinter dem 3-Akteure Modell (s. Abb. 2) ist eine Aufteilung der TA in lokale Teameinheiten, die, wie in dem wirklichen Kriseneinsatz, über Grenzen hinweg zusammenarbeiten sollen. Die TA besteht aus einem strategischen Headquarter, der UN in Genf, dem taktisch und operativen Headquarter Kabul, sitzend in einem klimatisierten Vorlesungsraum, sowie dem operativen Field Office, Masar-e-Sharif, die operativ in einem Zelt arbeiten. Daneben gibt es wechselnde Organisationen und Expert*innen entweder als TA, Role Play oder auch als SME, die in das Szenario integriert werden. Alle Teilnehmenden sollen sich über virtuelle Kommunikationskanäle wie webbasierte Konferenzschaltungen, Email oder Projektmanagementtools (z. B. Slack, Trello, Outlook, Adobe Conect, u. a.) miteinander austauschen und für die benannten Aufgaben gemeinsam Lösungen erarbeiten.

Das Headquarter ist für die Erstellung eines übergeordneten Lagebildes zuständig. Hierfür gilt es die verschiedenen Informationen aus den unterschiedlichen untergeordneten und beigeordneten Organisationseinheiten sowie anderen Quellen zu sammeln und zu verdichten. Wichtig hierbei ist, dass es einen ständigen Austausch zwischen allen Teilnehmenden gibt und die Verantwortlichkeiten klar aufgeteilt sind. Dazu zählt auch der Aufbau einer Führungs- und Managementstruktur in einer Ablauf- und Aufbauorganisation.

Das Field Office Kabul ist das Wahrnehmungsorgan der Übung, zuständig für die operativen Aufgaben der Mission, unter anderem für die Durchführung der vom HQ entwickelten Strategie. Hierfür bekommen sie auf Anfrage Informationen vom HQ zur Verfügung gestellt, wie Analysen oder strategische Verhandlungen mit Partner*innen. Die TA in dem FO stehen vorrangig in engem Kontakt mit den externen Rollenspieler*innen, SME oder Organisationen. Dafür nutzen sie virtuelle oder analoge Kommunikationskanäle, um Anfragen zu koordinieren und mit den neuerhaltenen Informationen richtige/ weiterführende Maßnahmen zu ergreifen. Zentrale Aufgabe dieser Zuständigkeit ist das Informieren über alle relevanten Vorkommnisse in Form eines Reports, der an das HQ weitergeleitet wird. Ziel ist es, die Informations- und Entscheidungssicherheit im Prozess herzustellen.

Das zweite Field Office Kabul wird von Studierenden der OTH Regensburg dargestellt, die allerdings in einer ergänzenden Übung an der Hochschule des Bundes in Mannheim teilnehmen. Diese Übung bietet die Möglichkeit den zivilen Arm der Wehrverwaltung kennenzulernen und hochwertige Inputs von diesen Expert*innen zu bekommen, um diese an die TA weiterzuleiten.

Die externen Akteure, wie die Expert*innen oder Rollenspieler*innen bringen eine fundierte Expertise in das Planspiel ein, stellen hilfreiche Folgefragen zur Weiterentwicklung oder geben Hilfestellung. Damit soll erreicht werden, dass die TA wie in der Realität ein vollständiges Lagebild durch unterschiedlichen Input erstellen und aufgrund dieser Informationen Strategien entwickeln und Entscheidungen treffen. Die TA soll lernen auszuwählen, wann welche Information durch welche Quelle verlässlich und relevant ist. Die externen Expert*innen geben Feedback zu erarbeiteten Lösungen und dem Verhalten bzw. den Reaktionen in der TA. Damit wird die eigene Erfahrung der TA durch externes Feedback bereichert.

Die TA soll durch diese Aufgabenstruktur vor allem verstehen, wie die verteilte Zusammenarbeit und Kommunikation zwischen verschieden Organisationsebenen und Einheiten funktioniert. Die Unterscheidung zwischen Verantwortlichkeiten und Möglichkeiten einer Rolle soll trainiert werden, damit der individuelle Teilnehmende zielgerichtet und problemorientiert Aufgaben lösen kann.

3.3   Beispiel einer Planungsaufgabe

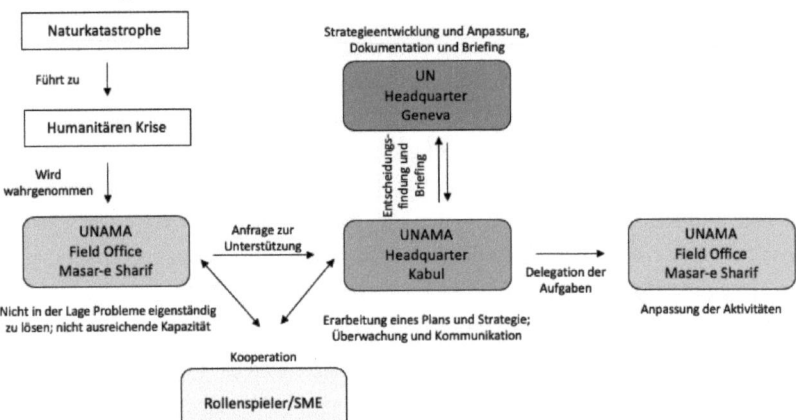

Abb. 5:   GLOBE - Beispiel einer Planungsaufgabe (Quelle: eigene Darstell-
lung)

Ein Fokus des Planspiels GLOBE liegt auf der Wahrnehmung, Entscheidungsfindung und Problemlösung innerhalb eines Szenarios einer humanitären Krise. Entsprechend kann beispielsweise eine Naturkatastrophe humanitäre Krisen und schwer-
wiegende Folgen auslösen, welche von dem FO erkannt und einem klaren Schema
folgend an das HQ kommuniziert werden (Ablauf siehe Abbildung 3).

Für ein erfolgreiches Ergebnis können Rollenspieler*innen und SME um Hilfe
gebeten werden, um offene Fragen zu klären und notwendige Informationen einzuho-
len. Für die Umsetzung dieser Schritte ist ein komplexes Problemlösen und vernetztes
Denken gefordert, um auf strategischer wie operativer Ebene die entsprechenden Aufgaben innovativ und effizient lösen zu können. Dafür ist für die FO die Unterstützung
und Mitarbeit der HQ und der Expert*innen von zentraler Bedeutung.

Der Verlauf sieht vor, dass das HQ den strategischen Plan für die Krisensituation
unter Abschätzung der zu erwartenden Folgen erstellt. Der Plan wird basierend auf
dem Lagebild kontinuierlich angepasst und mit allen Ebenen koordiniert. Erforderliche Entscheidungen müssen angefragt, erteilt und durch Briefings kommuniziert
werden. Dabei werden diese Briefings genutzt, um präzise die Schlüsselprobleme und
Maßnahmen zur Problemlösung darzustellen. Während dieser Abläufe gehen die Externen und Evaluationsbeauftragten ihrer Beobachtungsaufgabe nach, um ein umfas-
sendes Feedback für die TA geben zu können.

Einen zentralen Teil des Lernprozesses stellt das Verständnis für die Unterschiedlichkeit zwischen strategischen und operativen Handlungsfeldern und Zuständigkeiten dar. Dieses ist notwendig, um entsprechend des Rollenprofils und des dazugehörigen Verantwortungsbereiches agieren zu können.

Während der gesamten Planungsaufgabe bietet die enge Zusammenarbeit mit Expert*innen herausragenden Mehrwert. Die für die Planungsaufgabe notwendigen Fachinhalte werden der TA durch externe Expertise zur Verfügung gestellt. Dabei ist es auch eine zu erlernende Aufgabe der TA, diese Experten*innen richtig einzusetzen und zu befragen, um die notwendigen Informationen für die Planung zu erhalten.

4. Fazit

Die positive Wirkung von individuell angepassten und in der Lehre kombinierten Werkzeugen wie Blended Learning, Aktives Lernen oder Planspiel, sind mittlerweile hinreichend belegt (vgl. u. a. Petrik, Rappenglück 2017, S. 19; HFD 2016, S. 20ff.; Carell 2004, S. 23). Durch die Verknüpfung von theoretischem Wissen und deren Einbettung in einer lebensnahen Anwendung können Lerninhalte nachhaltiger als in einem klassischen Frontalunterricht vermittelt werden. Die notwendigen Schlüsselqualifikationen in den drei Dimensionen der fachlichen, methodischen und sozialen Kompetenz werden trainiert. Weitere bedeutende Lernziele wie vernetztes und kritisches Denken, problemorientierte Analyse und Handlungsfähigkeit in virtuellen und digitalen Arbeitswelten stellen die Besonderheit der Übung dar.

Im Rahmen von GLOBE wird ein Ausbildungsschwerpunkt erfasst, der sich aus den aktuellen technischen wie sozialen Herausforderungen virtueller wie digitaler Führungs-, Analyse und Managementprozesse ergibt. Der partizipatorische Ansatz, der sich im Charakter als Planspiel und Living Lab von GLOBE wiederfindet, ermöglicht allen Beteiligten eine selbstgesteuerte und effektive Lehr-Lern Methode, die der Vernetzung von Wissenschaft und Gesellschaft dient.

Literaturverzeichnis

Blötz, Ulrich (Hrsg.) (2005): Planspiele in der beruflichen Bildung. Auswahl, Konzepte, Lernarrangements, Erfahrungen. Aktueller Planspielkatalog 2005. Schriftenreihe des BiBB. 4. Auflage. Bielefeld: Bertelsmann.

Bresinsky, Markus und von Reusner, Florian (2018): GLOBE – Learn and Innovate Digitization by a Virtual Collaboration Exercise and Living Lab. In: Brooks A., Brooks E., Vidakis N. (eds) Interactivity, Game Creation, Design, Learning, and Innovation. ArtsIT 2017, DLI 2017. Lecture Notes of the Institute for Computer Sciences, Social Informatics and Telecommunications Engineering, vol 229. Cham: Springer.

Brynjolffson, Erik and McAfee, Andrew (2014): The Second Machine Age: Work, Progress, and Prosperity in a Time of Brilliant Technologies. N.Y.: W.W. Norton & Company.

Carrel, Laurent F. (2004): Leadership in Krisen. Ein Handbuch für die Praxis, Zürich: NZZ Verlag.

Eriksson, Mats; Niitamo, Veli-Pekka and Kulkki, Seija. (2005): State-of-the-Art in Utilizing Living Labs Approach to User-centric ICT innovation – a European approach. CDT at Luleå University of Technology, Sweden, Nokia Oy, Centre for Knowledge and Innovation Research at Helsinki Scholl of Economics, Finland, 2005.

Federal Office of Civil Protection and Disaster Assistance (BBK) (2011): Guideline for Strategic Crisis Management Exercises. Bonn.

Hochschulforum Digitalisierung (HFD) (2016): The Digital Turn – Hochschulbildung im digitalen Zeitalter. Arbeitspapier Nr. 27. Berlin: Hochschulforum Digitalisierung.

Petrik, Andreas und Rappenglück, Stefan (2017): Handbuch Planspiele in der politischen Bildung (Reihe Politik und Bildung, Band 81). Schwalbach Wochenschau Verlag.

Savery, John R. (2006): Overview of Problem-based Learning: Definitions and Distinctions. Interdisciplinary Journal of Problem-Based Learning, 1(1).

United Nations Office for the Coordination of Humanitarian Affairs (UN OCHA) (2018): United Nations Humanitarian Civil-military Coordination (UN-CMCoord) Field Handbook. Version 2.0. Geneva, Switzerland.

Lego Serious Play (LSP) zur Themenfindung studentischer Arbeiten

Stephan Rometsch

Bevor Studierende mit der Erstellung einer schriftlichen, wissenschaftlichen Ausarbeitung, z. B. Bachelorarbeit, beginnen, haben sie oft nur einen Titel abgesprochen und das Thema kurz umrissen. Zu diesem Zeitpunkt wissen sie nur sehr wenig darüber, was in der bevorstehenden Arbeit inhaltlich bearbeitet werden soll und was nicht. Zur Vorbereitung der Bearbeitungszeit ihrer bevorstehenden Arbeit wird nun, nachdem das Thema inhaltlich grob umrissen ist, mit Hilfe von LSP ein Diskussionsformat geschaffen, das dazu dient, die Studierenden mit ihren Themeninhalten näher vertraut zu machen. Hierbei soll die Gelegenheit gegeben werden, über die bevorstehenden Themeninhalte zu sprechen. Dazu wird von den Studierenden ein individuelles Legomodell erstellt, das die Fragestellung ihrer bevorstehenden Arbeit repräsentieren soll. Hiermit wird eine Diskussionsgrundlage geschaffen, um damit über die Inhalte der Arbeit zu beraten. Dabei wird ganz bewusst großen Wert auf die haptische Modellbildung gelegt und es soll keine herkömmliche (Power-Point-) Präsentation erstellt werden.

Before students start writing a scientific paper, e. g. a bachelor thesis, they often only agreed on the title and briefly outline the topic. At this point, they know very little about what should and should not be covered in the upcoming paper. Once the topic has been roughly outlined, a discussion format is created with the help of LSP, which serves to familiarize the students with the content of their work and helps them to prepare for the actual time of work. This should give them the opportunity to talk and reflect about the topic of their paper. For this purpose the students create an individual Lego model that represents the key-question of their scientific paper. Hereby a basis for discussion is created, in order to reflect the paper's content. In doing so, the process of haptic modelling is emphasized and no conventional (PowerPoint) presentation is to be created.

1.   Einführung

In studentischen (Bachelor-)Arbeiten fehlt oft schon in der Einleitung eine fundierte Reflektion zur Fragestellung der Arbeit. Grundsätzliche Überlegungen werden dann auch im weiteren Verlauf nicht herausgearbeitet. Damit wird die weitere Gedankenführung beliebig.

Folgende Fragen sollten bereits zum Zeitpunkt der Themenfindung diskutiert und durchdacht werden.

- Was ist die Fragestellung?
- Was ist die Motivation für die Arbeit?
- Was ist das Problem?
- Was ist der (betriebliche) Hintergrund? (Wichtig für Teilnehmende im dualen Studium.)
- Was erwartet die Lesenden?
- Wer sind die Adressat*innen?
- Was ist der tiefere Sinn der Arbeit für die Zielgruppe (z. B. Praxispartner)?
- Welchen Mehrwert schafft die Arbeit?
- ...

Falls diese Fragen vor Beginn der eigentlichen Ausarbeitung nicht hinreichend aufgegriffen werden, finden diese Überlegungen irgendwann im Verlauf der Erstellung oder sogar erst nach Abschluss, also spätestens bei der Begutachtung der Arbeit, statt. Unliebsame Konsequenzen bestehen dann darin, dass der Text erst im Nachhinein gründlich überarbeitet werden wird, viele Teile sich als unbrauchbar herausstellen und mehr oder weniger im „Papierkorb landen." Werden hingegen in der Vorbereitungsphase – gewissermaßen in einer Phase 0 – die genannten Fragen ausführlich durchdacht und diskutiert, dann sind die Teilnehmenden (TN) besser in der Lage die Arbeit zum geplanten Abgabetermin in einer brauchbaren und guten Qualität vorzulegen und es ersparen sich Autor*innen, Gutachter*innen und andere Adressat*innen viel Frustration und Zusatzarbeit während der eigentlichen Bearbeitungszeit.

2.   Didaktische Grobkonzeption

Mit Lego Serious Play (LSP) lässt sich ein praktisches, gestaltendes Diskussionsformat schaffen (Vgl. Kristiansen, Rasmussen 2014, S. 11):

- Die TN erhalten je ein Kit LSP sowie eine oder zwei Legogrundplatten und den gemeinsamen Zugriff auf weitere „neutrale" Legobausteine.

- Die TN bauen in einer vorgegebenen Zeit, ca. 20 Minuten, nach einem kurzen „warming-up", mit den LSP-Steinen ein Modell zum Thema der bevorstehenden Arbeit.
- Die TN erhalten eine individuelle Präsentationszeit ihrer Modelle.
- Die TN diskutieren gemeinsam die Fragstellungen, die diese individuellen Modelle repräsentieren sollen.

3. Hinweise zur Durchführung

Die TN können ihre Modelle fotografieren und ein Exposé zur Arbeit entwerfen. Das Modell dient dann während der Erstellungsphase der eigentlichen Arbeit zur Erinnerung und als Gedankenstütze.

- Die TN bauen jeweils ihr eigenes Modell.
- Die Modelle sind nicht richtig und nicht falsch.
- Die TN haben ein Recht auf die Sinnhaftigkeit ihrer Modelle.
- Die TN haben genügend Zeit, um über ihre Modelle zu sprechen, darzustellen, zu erklären und es gibt auch Zuhörende die Aufmerksamkeit schenken.
- Die TN haben ein Recht auf Rückfragen / Feedback / Erweiterungen / Ergänzungen und kritische Anmerkungen zum Modell.
- Es geht immer um die Modelle, nicht um die Personen, die sie gebaut haben.
- Die Modelle dienen dazu, um sich hinsichtlich der bevorstehenden Arbeit artikulieren zu können.
- Die Modelle sind eine Art Anker, um wichtige Aspekte immer wieder in Erinnerung zu rufen.
- Die Modelle können später immer wieder weiterentwickelt und ergänzt werden.

4. Vorgehensweise

Schritt 1

Bevor die TN mit dem Modellbau ihrer bevorstehenden Arbeiten beginnen, kann es nützlich sein, dass alle TN zunächst als ein gewisses „warming-up" ein beliebiges Tier mit Lego bauen. Dafür erhalten sie ca. 5-8 Minuten Bauzeit und dann haben die TN die Gelegenheit das Tier kurz in die Höhe zu halten und ein paar Worte dazu zu sagen. Insgesamt dauert diese Vorbereitung etwa 20 Minuten und dient dazu, die TN mit Lego und der Haptik des Materials vertraut zu machen. Es kann sein, dass es tatsächlich TN gibt, die noch nie Lego in den Händen hatten und nun damit etwas vertraut werden. Diese Vorbereitungsübung ist nicht zwingend nötig und liegt im Ermessen der Spielleitung (SPL).

Schritt 2

Die Erfahrung hat gezeigt, dass Dozierende und auch als SPL bei der Präsentation der erstellten Modelle eine Führungsrolle in der Diskussion einnehmen. Die TN sind individuell jeweils sehr in ihre eigenen Modelle involviert, so dass sie Modellen anderer TN kaum Aufmerksamkeit widmen wollen und wenig Fragen dazu stellen. Also sollte man sich als SPL mit großer Flexibilität darauf einstellen, dass man selbst die meisten Fragen stellen wird.

Schritt 3

Die TN haben eine individuelle Präsentationszeit, während der sie ca. 5-10 Minuten über ihr gebautes Modell sprechen, insbesondere darüber, was sie sich dabei gedacht haben und was davon in der bevorstehenden Arbeit thematisiert werden soll. Dabei sind Zwischenfragen möglich, um gewisse Aspekte des Modells zu erfragen. Es ist auch Vorsicht und Zurückhaltung geboten, um die präsentierende Person nicht unnötig in ihren Gedankengängen zu unterbrechen. Viele Aspekte, die man erfragen möchte, erfährt man ohnehin ein paar Minuten später und man kann sich mit Fragen abwartend verhalten.

Schritt 4

Grundsätzlich geht es um die zentrale Frage, was in der Arbeit enthalten sein soll - und was nicht. Welche Themenbereiche sollen aufgegriffen werden und welche nicht? Was sprengt gegebenenfalls den Rahmen der bevorsteheneden Arbeit? Wie lässt sich eine sinnvolle Abgrenzung vornehmen?

Schritt 5

Für die SPL besteht die Hauptaufgabe darin, zu den verschiedenen Aspekten des Modells Fragen zu stellen. Diese ergeben sich meistens von selbst und sind zwischen den verschiedenen Modellen nicht dieselben. Eine Frage wäre beispielsweise, welcher theoretische Aspekt der Fachliteratur dazu geeignet ist, um das betriebliche Problem zu diskutieren. Manchmal muss man die TN davon abhalten, die Arbeit mit unnötigen Darstellungen der Fachliteratur zu füllen.

Schritt 6

Es sind Modelle der TN. Es ist ihre bevorstehende Arbeit, nicht die der SPL! Die SPL ist bestenfalls Coach, Betreuung und Gutachter*in in Verbindung mit der betrieblichen Betreuung. Später, während der Bearbeitungszeit, ist es immer hilfreich, wenn die Betreuenden mit den Studierenden in gemeinsamen Beratungen die inhaltliche Gestaltung der Arbeit diskutieren.

Schritt 7

Der gesamte Vorgang des Modellbauens und der damit verbundenen Darstellung und Dikussion dauert erfahrungsgemäß pro TN ca. eine Stunde. Danach ist für alle Beteiligte viel gewonnen!

5.   Hintergrund

Eine gewisse Analogie zu diesem Konzept findet sich in der Psychotherapie. Im therapeutischen Kontext werden Patienten dazu aufgefordert und ermuntert, ihren Problemdruck und seelische Belastung in einer bestimmten Form darzustellen, beispielsweise mit Materialien aus Ton in dreidimensionaler Skulptur zu modellieren oder als gemaltes Bild zu erstellen. Ein wichtiger Aspekt besteht darin, dass das Problem haptisch „be-handelt" wird, um es dann im therapeutischen Kontext aufzugreifen, darzustellen, zu beraten und den Problemdruck herauszuarbeiten.

Analog dazu funktioniert die Grundidee der Erstellung von LSP-Modellen zur Erstellung einer Bachelorarbeit. Die Studierenden sollen damit ein Forum haben, in dem sie über ihre bevorstehenden Arbeiten reden können. Die Erstellung der LSP-Modelle dient also als ein Medium um den Mund öffnen zu können und Gedanken formulieren zu dürfen, um ein bevorstehendes Projekt zu artikulieren. Diese „Privilegien" sind nicht selbstverständlich!

Normalerweise haben die TN ein paar Grundgedanken zu „Themenfetzen", die in ihre Arbeit Eingang finden sollen. Meistens sind die Themenbereiche in der inhaltlichen Findungsphase total überfrachtet und würden den Rahmen einer dreimonatigen Bachelorarbeit im Umfang von ca. 60 Seiten sprengen. Somit muss permanent diskutiert und reflektiert werden, was in der Arbeit enthalten sein soll – und was nicht. Alte Erfahrungsregel: Weniger ist besser!

Das eigentliche Ziel durch die Vorbereitung mit LSP besteht darin, dass die TN zu Beginn ihrer tatsächlichen Bearbeitungszeit von drei Monaten bereits wissen, was sie schreiben wollen und nicht die mehr die knappe Zeit zur Themenfindung ver(sch) wenden.

6.   Präsentation der fertigen Arbeiten

Wenn dann zu einem späteren Zeitpunkt die fertige Arbeit vorliegt und gegebenfalls präsentiert werden soll, so dienen die Fotografien der Legomodelle recht anschaulich zur Präsentationsunterstützung. Insbesondere zur Darstellung der Ausgangssituation und der Formulierung der ursprünglichen Fragestellung. Im Legomodell kann sogar die Problemanalyse visualisiert werden, um dann damit auch die Ergebnisse der Arbeit zu zeigen. Das dient sehr gut als Leitfaden zur Erstellung der Präsentation und ist auch für die Zuhörerschaft wertvoll zum besseren Verständnis des Vortrags.

7.   Beispielbeschreibung für ein Modellbild

Titel „Optimierung des Materialflusses und der Lagerkonzeptionierung"

Modellbeschreibung

- Am oberen Rand sind der GF (links), die Kunden (rechts) und die IT/Mitarbeiter (mitte), Lagersystem/ERP System = „Glaskugel"
- In der Mitte verläuft waagrecht der Produktionsprozess von gelb (links/Einkauf) über grau (mitte/Produktion) nach blau (rechts/Verkauf).
- Unten sind die drei Bereiche des Materialflusses jeweils mit Blumen gelb (links/Wareneingangslager) über grau (mitte/Bereitstellung für Produktion) nach blau (rechts/Warenausgangslager), die für den Produktionsprozess benötigt werden.
- Die schwarzen Fäden zeigen die Vernetzung von Produktionsprozess und Materialfluss.

Ausgangssituation

- Keine Transparenz über Lagerbestand und Lagerkosten
- Längere Durchlaufzeiten durch steigende Komplexität und mangelhafte Ordnung
- Keine genaue Kalkulation der Verkaufspreise möglich
- Keine termingerechte/kostenoptimale Beschaffung möglich
- Lücke zwischen Einkauf u. Verkauf muss im ERP System geschlossen werden

- Die Schwierigkeit der Vernetzung besteht darin, dass aus allen drei Lagerbereichen Materialien und Informationen für alle drei Produktionsprozessstufen benötigt werden
- Lagerbestand und Materialfluss muss über alle Bereiche kreuz und quer transparent sein

Endergebnis:

- Einrichtung Lagersystem, Verwaltung von Produktion und Lager über das ERP System
- Produktionsprozess und Materialfluss so miteinander organisieren, dass wirklich nur „gelb-zu-gelb" (links), „grau-zu-grau" (mitte) und „blau-zu-blau" (rechts) miteinander direkt koordiniert werden muss und Informationen dazu bereitgestellt und abgerufen werden können
- Beispiel:
  - Der Einkauf (gelb) kann wirtschaftlicher Arbeiten, wenn der Bedarf der gesamten Produktion (grau) und des Vertriebs (blau) bekannt ist
  - Die Produktion kann mit der Kenntnis des Lagerbestands und den zu erwartenden Wareneingängen eine genauere Planung vornehmen, um Termine des Warenausgangs einhalten zu können
  - Der Verkauf kann genauere Liefertermine angeben, wenn er Informationen über den Lagerbestand und den Materialfluss hat. Mit konkreten Lagerkosten ist eine kostendeckende Kalkulation genauer, als mit geschätzten Werten.

Das sieht auf dem Modellbild recht simpel und einleuchtend aus ist aber in der betrieblichen Realität außerordentlich schwer zu realisieren.

Abb. 1: Modellbild (Quelle: eigene Abbildung)

8.   Über Lego und Lego Serious Play (LSP)

Vor 60 Jahren wurde das Patent auf Lego-Steine angemeldet (Vgl. Uhle 2000, S. 44). „Lego" – abgeleitet von „Leg godt" – „spiel gut". (Vgl. https://www.lego.com/ en-us/seriousplay/)

LEGO SERIOUS PLAY™ ist eine spezielle Serie von LEGO®: LSP Starter Kit V46 (219 Teile), Produkt 2000414, Artikel 4542641.

Darüber hinaus sind zusätzliche Bausteine hilfreich:

- LEGO® Starterkoffer V 29 (1000 Teile), Produkt 10682, Artikel 6061817.
- LEGO® Große Kreativ-Steinebox Classic (1500 Teile) Produkt 10697, Artikel 6101976.
- LEGO® Grundplatten (30x30 cm): Produkt 10701, Artikel 3786102.

Literaturverzeichnis

Kristiansen, Per; Rasmussen, Robert (2014): Building a Better Business Using the Lego Serious Play Method. New Jersey.

Uhle, Margret (2000): Die Lego Story. Hamburg.

https://www.lego.com/en-us/seriousplay/ (zuletzt abgerufen am: 27.11.2020)

„Ein Qualitäter spielt nicht! Oder doch?"

Entwicklung und Erprobung eines Planspiels zur Klausurvorbereitung

Siegfried G. Zürn, Shendrit Bekolli, Robert P. Pawelek, Christian Ruffner, David Kloss

Viele Studierende erleben das Lernen auf Klausuren als anstrengend, ermüdend und wenig motivierend. Oftmals liegt das nicht am mangelnden Interesse an dem Thema, sondern entsteht dadurch, dass das Lernen allein und ohne direkte Rückmeldung zum Lernerfolg erfolgt. Um hier eine neue, motivierendere Möglichkeit des Lernens zu schaffen, wurde von Studierenden der Hochschule Esslingen ein haptisches Planspiel entwickelt, das in der Lehre und zur Klausurvorbereitung eingesetzt wird. Die Spielenden müssen dabei im Rahmen vorgegebener Zielkorridore und Budgets qualitätsrelevante Entscheidungen treffen, aber auch mit anderen Unternehmen, die im Wettbewerb zum eigenen Unternehmen stehen, punktuell zusammenarbeiten und auf exogene Einflüsse reagieren. Die gelernte Theorie findet sofort eine praktische Anwendung und durch Diskussion mit den anderen Mitspielern ergibt sich ein unmittelbares Feedback zu den eigenen Antworten im Sinne eines Peer Learnings. Der Artikel entstand im Rahmen eines studentischen Projektes in Zusammenarbeit mit den Studierenden Shendrit Bekolli, Robert P. Pawelek, Christian Ruffner und David Kloss.

Many students experience learning on exams as exhausting, tiring and not very motivating. Often this is not due to a lack of interest in the topic, but is due to the fact that learning is done alone and without feedback on learning success. In order to create a more motivating way of learning a haptic simulation game was developed by students at the Hochschule Esslingen - for use in teaching and for preparation on exams. Players have to make quality-relevant decisions within given target corridors and budgets, but also have to cooperate selectively with other companies that are in competition with their own company and react to exogenous influences. The theory learned is immediately put into practice and through discussion with other players, immediate feedback on one's own answers is obtained in the sense of peer learning. The article has been written as part of a student project in collaboration with the students Shendrit Bekolli, Robert P. Pawelek, Christian Ruffner and David Kloss.

1.   Hintergrund

Planspiele sind inzwischen fester Bestandteil des erfahrungs- und kompetenz-orientierten Lernens in vielen Studiengängen. Meist werden sie als computergestützte Business Games in Seminaren höherer Bachelorsemester oder Masterstudiengängen durchgeführt. Planspiele zum Erlernen und zur Vorbereitung auf Wissens- und vor allem Transferfragen in Klausuren sind jedoch bisher kaum zu finden. Dabei gilt das „[...] Spiel [als] eine der ursprünglichsten und ältesten Kommunikationsformen der Menschen, die zudem vermutlich die effizienteste Art zu lernen ist" (Fürstenau, 2009). Insbesondere im Hinblick auf offen gestellte Transferfragen – also die Anwendung des gelernten Wissens – besteht bei den allein Lernenden häufig die Unsicherheit, ob die Antworten ausreichend und der Fragestellung entsprechend begründet sind. Dabei ist durch Untersuchungen der Kognitionsforschung hinlänglich bewiesen, dass neben der Motivation ein unmittelbares Feedback von Mitlernenden nicht nur die Intensität des Lernens, sondern vor allem auch die Verfestigung des Gelernten stark fördert (vgl. O'Donnell, King 1999).

2.   Zielsetzung

Der Erwerb von handlungsorientierten Kompetenzen (Fachwissen in Kombinati-on mit Transfer- und Entscheidungsfähigkeiten) braucht eine spannende, realitätsnahe Herausforderung und soziale Interaktion. Nur wenn beides gegeben ist, kann sich ein motiviertes Lernumfeld entwickeln. Am besten bleibt Gelerntes durch eigenständiges Handeln im Gedächtnis – „Ich höre und vergesse. Ich sehe und behalte. Ich handle und verstehe". Dieser Ausspruch, der Konfuzius zugeschrieben wird, ist die Grundla-ge des auch als „action learning" bezeichneten Konzepts eines Planspiels. Auf Basis dieser Erkenntnisse entstand die Idee, ein haptisches Planspiel zur Klausurvorberei-tung zu entwickeln, um den Wissens- und Erfahrungsstand der Teilnehmenden trans-ferbezogen abzufragen und zu vertiefen.

Haptische Planspiele schaffen eine „Mini-Realität" mit authentischen Aufgaben-stellungen, hohen, aber im wahrsten Sinne des Wortes „begreifbaren" Komplexitäts-graden. Im Vergleich zu computerbasierten Spielen fördern haptische Planspiele auch eine „höhere soziale Interaktion-Transparenz" und ein „stärkeres Situationsbewusst-sein" (Freese et al. 2018). Das Planspiel „Ab durchs QM" soll spielerisches Lernen für Abschlussklausuren ermöglichen, aber auch zur Auffrischung und der Anwendung von, im Rahmen von Vorlesungen, erworbenem Wissen und gelernten Methoden ein-setzbar sein.

In der Lehrveranstaltung wird sowohl in klassischer als auch interaktiver Form Wissen vermittelt und die Anwendung von QM-Methoden und Prozessen durch Aufgaben und Fallstudien eingeübt. Das Spiel soll neben einer Rekapitulation der Lehrinhalte auf schnelle und effiziente Weise Sicherheit in der Anwendung des Gelernten geben und somit einen Klausurerfolg (Effektivität) gewährleisten (vgl. Abb. 1). Spaß und Interaktion dienen dabei als treibende Kräfte.

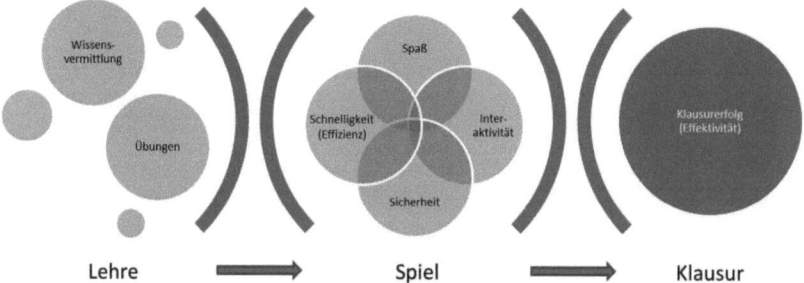

Abb. 1:   Aspekte eines Lernspiels als Bindeglied zwischen Lehre und Klausur (Quelle: eigene Darstellung)

Wie in jedem Entwicklungsprozess ist es auch bei der Spielentwicklung wichtig, die „Kundengruppe" möglichst früh in den Entwicklungsprozess mit einzubeziehen (vgl. Graner 2015).

Der Ansatz, das Spiel von Studierenden entwickeln zu lassen (vgl. Ortino, o. J.), ging dabei noch einen Schritt weiter, indem die Spielentwickler im Vorsemester selbst in der Situation waren, für die das Spiel vornehmlich konzipiert ist (Lernen auf Klausuren zum Qualitätsmanagement). Sie konnten somit bei der Gestaltung des Spielumfelds und der Aufbereitung der Inhalte unmittelbar ihre eigenen, noch sehr frischen, Erfahrungen einbringen.

3.   Entwicklung

Das Lernspiel wurde im Rahmen eines Projekts im vierten Semester der Fakultät Betriebswirtschaft entwickelt. Als Erstes erfolgte eine schematische Projektplanung, die – dem interaktiven und iterativen Vorgehen bei der Planspielentwicklung gemäß – in einem sehr offen gehaltenen Project Canvas dokumentiert wurde (s. Abb. 2).

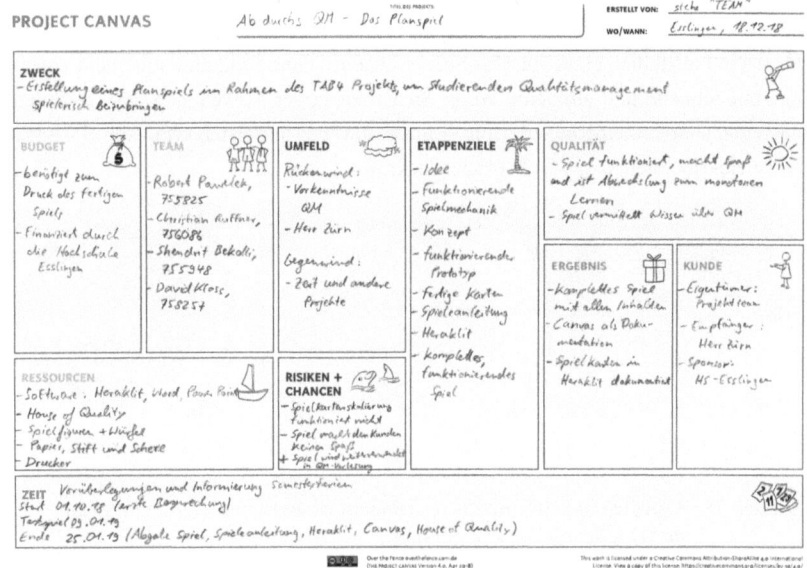

Abb. 2:   Project Canvas des Planspiels

Die Studierenden starteten damit, Ideen zur Spielgestaltung mittels Brainstorming zu generieren und erarbeiteten dann ein grobes Konzept, das mit dem Dozenten besprochen und bewertet wurde (Abbildung 3).

Abb. 3:   Erstes Spielkonzept

Das erste Ziel bei der Entwicklung war eine funktionierende Spielmechanik. Um die Anforderungen der künftigen Spieler zu ermitteln, wurde in der Entwicklung selbst eine QM-Methode, das sogenannte „House of Quality", verwendet. Es hatte zum Ergebnis, dass neben dem Spaßfaktor und der Wissensabfrage vor allem eine einfache Spielmechanik, Verständlichkeit und Kürze der Fragen sowie Fairness als wichtige Zielgruppenanforderungen von Anfang an in die Entwicklung eingebunden wurden. Durch den Aufbau des Spielfeldes, die Art des Würfelns und Ziehens und den Inhalt der Karten konnte dies gut realisiert werden. Als Grundlage für die Spielmechanik diente eine Kombination aus klassischen Würfel- und Karten- (Frage-, Aktions- und Ereigniskarten) Spielansätzen, die auch in Gesellschaftsspielen häufig zum Einsatz kommen (vgl. u. a. „Spiel des Lebens", „Alchimist", u. v. a.). Nachdem die Spielmechanik stand und eine erste Auswahl von potenziellen Klausurfragen auf das Spielsetting angepasst sowie entsprechende Ereigniskarten entworfen wurden, erstellten die Studierenden einen ersten Prototypen aus Papier (s. Abb. 4 und 5). Damit konnte nicht nur der generelle Ansatz getestet werden, sondern auch die entsprechende Punktebewertung der Antworten und Aktionen sowie der dementsprechende „Erfolg" der Spielenden eingestellt werden.

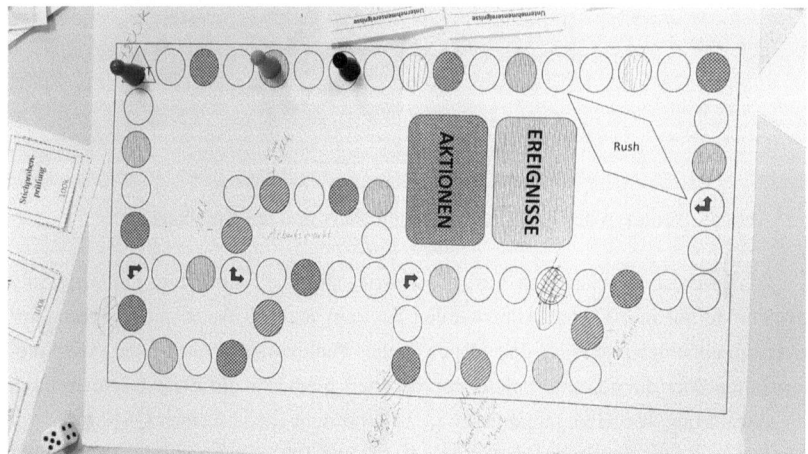

Abb. 4: Prototyp des Spielfeldes

Dieser erste Prototyp wurde durch viele standardisiert dokumentierte Testspielrunden der Projektgruppe verbessert und durch zusätzliche Elemente erweitert. Darüber hinaus wurden immer mehr Spielkarten erstellt und bestehende optimiert, sodass schlussendlich auf über 100 Spielkarten mit klausurrelevanten Fragestellungen zurückgegriffen werden kann. Dadurch entsteht auch beim mehrmaligen Spielen immer wieder eine neue Situation. Neue Fragen halten das Spiel interessant und führen nach jeder Runde zu einer größeren Sicherheit, einem „guten Gefühl" in Bezug auf die kommende Klausur. Parallel zur Spielentwicklung wurde kontinuierlich die Spielanleitung ergänzt und die Inhalte des Spiels über ein Wirknetz-Simulationsprogramm auf ihre Wechselwirkungen und somit Konsistenz im Spielverlauf überprüft.

Das Spiel wurde anschließend sowohl mit Kommilitonen der Projektgruppe als auch mit dem Dozenten wiederholt erprobt, wobei insbesondere noch die Vorgabezeiten für Aktions- und Fragekarten optimiert werden konnte.

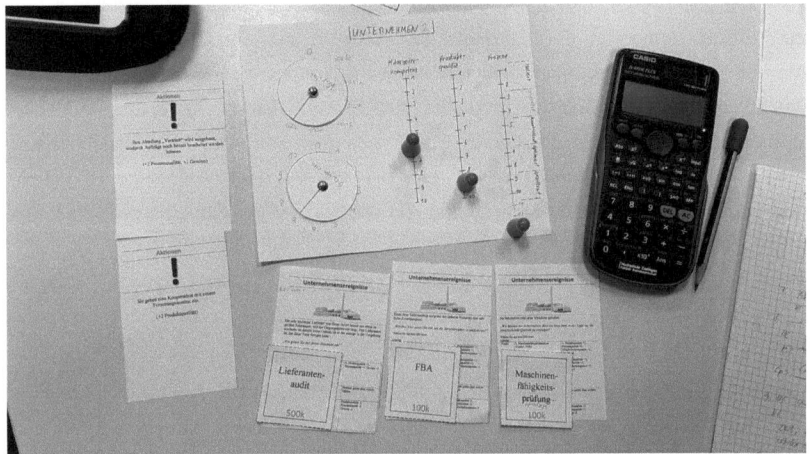

Abb. 5:   Prototyp des Unternehmenscontrollers und der Spielkarten

Als eine der schwierigsten Aufgaben erwies sich die Skalierung und Verteilung der Punkte auf den Karten. Hier wurden bis zum Schluss Änderungen vorgenommen, um ein möglichst faires und ausgewogenes Punktesystem zu erzielen. Alle Spieler sollten über die gesamte Spieldauer motiviert bleiben – ein Ziel, das auch durch die Einführung von Hauptereignissen (s. u.) und dem Einsatz eines QM-Stores mit Methoden des Qualitätsmanagements als Kauf- und Tauschoption (vgl. u. a. „Siedler von Catan") erreicht wurde. Jenen Unternehmen, die von den Kundenanforderungen weiter zurückbleiben, bieten sich so neue Chancen.

4.   Das Spiel

Gedacht ist das Spiel für jene Studierende, die die Grundlagen des Qualitätsmanagements bereits als Vorlesung hatten und sich auf eine Klausur vorbereiten oder ihr Wissen auffrischen wollen. Dabei kommen verschiedene Aufgabentypen zur Geltung, die beispielsweise aus Rechnungen, grafischen Darstellungen oder Multiple-Choice-Fragen bestehen können.

Das Spiel ist kompetitiv angelegt. D. h. es kämpfen mindestens zwei bis maximal vier Unternehmen (Spielende), um einen wichtigen Großauftrag, den aber nur das Unternehmen für sich erringen kann, welches neben dem Angebotspreis auch die Qualitätsanforderungen des Kunden (Produktqualität) und dessen Vertrauen in die Lieferantenfähigkeit (Prozessqualität und Mitarbeiterkompetenz) bestmöglich erfüllt. Die Unternehmen starten mit definierter Produkt- und Prozessqualität sowie einem durchschnittlichen Kompetenzlevel der Angestellten. Diese vier Kriterien sowie das vorhandene Unternehmensbudget werden auf dem Unternehmenscontroller überwacht (Abb. 6).

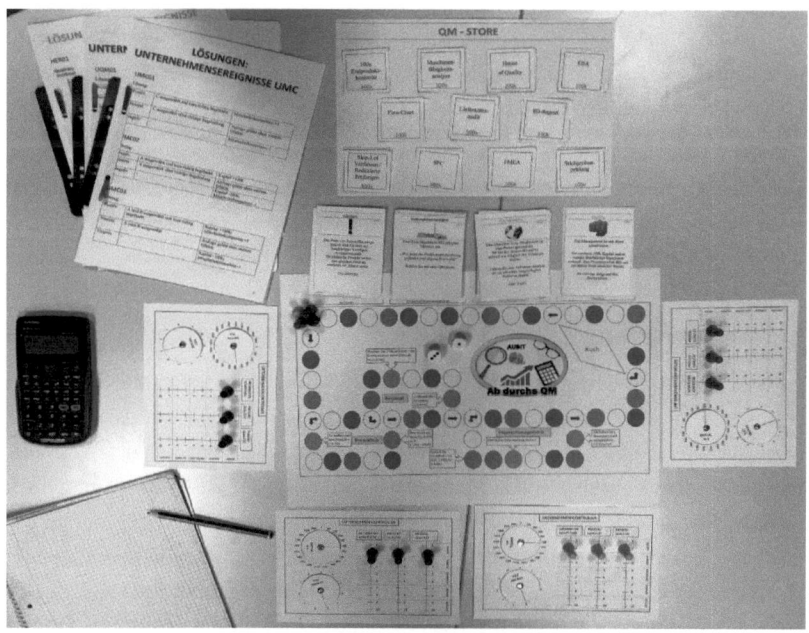

Abb. 6: Aufbau des Spiels: Spielbrett, Unternehmenscontroller, QM-Store, Karten

Das Spiel kann in drei unterschiedlichen Szenarien gespielt werden:

a) Kurzes Spiel, 8 Runden, ca. 1 h, vom Kunden geforderter Qualitätslevel-Bereich: Kontrolliert

b) Mittleres Spiel, 12 Runden, ca. 2 h, vom Kunden geforderter Qualitätslevel-Bereich: Optimiert

c) Langes Spiel, 16 Runden, ca. 2,5 h, vom Kunden geforderter Qualitätslevel-Bereich: Exzellent

Im Spiel sammeln die Unternehmen durch Aktionen und Ereignisse finanzielle Mittel und müssen Aufgaben bearbeiten. Dazu können sie auch Methoden aus einem QM-Store beziehen. Entsprechend den Ereignissen oder Ergebnissen der Aktionen werden die Unternehmenscontroller angepasst.

Neben den Unternehmensereignissen und Aktionskarten während der Runden wird am Ende jeder Runde noch ein Hauptereignis enthüllt. Dieses ist von allen Spielenden zu bearbeiten und der Spielleitung vorzustellen.

Das Ende des Spiels ist erreicht, wenn die im Szenario angegebene Rundenzahl durchlaufen wurde. Es wird ein Endereignis aufgedeckt und nach der Bearbeitung der Unternehmenscontroller ein letztes Mal angepasst.

Der Spielende, der die vom Kunden geforderten Preis-, Qualitäts- bzw. Kompetenzlevel erfüllt, gewinnt das Spiel. Sollten alle Wettbewerber die Anforderungen erfüllen, entscheidet der Angebotspreis. Bei Gleichstand gewinnt das Unternehmen, das in Summe die meisten Qualitäts- bzw. Kompetenzlevel besitzt.

5. Anwendung

Die erste Anwendung des Spiels zur Klausurvorbereitung erfolgte im Sommersemester 2019 im Rahmen des Moduls „Qualitätsmangement" für berufsbegleitende technische und wirtschaftswissenschaftliche Bachelorstudiengänge an der WBA Aalen. Die Prüfungsleistung besteht in diesem Modul (5 ECTS) aus einer 90 minütigen Klausur. Das Spiel wurde innerhalb der Veranstaltung am letzten Vorlesungstag mit 23 Studierenden in zwei Gruppen an jeweils drei parallelen Spieltischen durchgeführt. Anfänglich herrschte spürbare Skepsis bei vielen der Studierenden (u.a. „… wir wollen doch ernsthaft auf die Klausur lernen…und nicht spielen…"; „Das ist Zeitverschwendung, wir müssen doch effizient studieren, da wir dies neben dem Job machen.") – wie man sie auch oft bei Industrieteilnehmenden erlebt, die zum ersten Mal mit Planspielansätzen konfrontiert werden. Diese Reaktion ist verständlich, da die meisten der Studierenden bereits viele Jahre in unterschiedlichen Industriebetrieben – meist in produktionsnahen Bereichen oder im technischen Vertrieb und Service – tätig sind und mit sehr wenigen Ausnahmen bisher keinen Kontakt zur Planspielmethode hatten.

Bereits nach wenigen Runden stellte sich aber eine Begeisterung ein („Hej, das ist echtes Lernen mit Funfaktor!") und der Wert des didaktischen Konzepts des Planspiels wurde erkannt (u. a. „Ich sehe, wo ich Lücken habe"; „So schnell habe ich noch nie gelernt"; „Ich bin ja gar nicht so schlecht in SPC Themen."). Die Abbildungen 7-9 zeigen einige Impressionen der Spieldurchführung.

Abb. 7: Impressionen aus Spielsituation (berufsbegleitende Bachelorstudiengänge an der WBA Aalen)

Abb. 8: Impressionen aus Spielsituation (berufsbegleitende Bachelorstudiengänge an der WBA Aalen)

Die Bewertung der Antworten der einzelnen Spielenden erfolgte primär nicht auf Basis der vorgegebenen Lösungshefte, sondern es erfolgte zuerst eine „peer evaluation" – eine Besprechung der innerhalb der Spielgruppe. Dabei war zu beobachten, dass die anderen Teilnehmenden, dem Gewinngedanken entsprechend, oft versuchten, die Antworten des konkurrierenden Spielteilnehmenden sehr kritisch zu hinterfragen. Das Ziel, dass sich die Teilnehmenden dem Thema aus unterschiedlicher Perspektive nähern, konnte somit gut erreicht werden.

Trotz des erwähnten Gewinnstrebens und Konkurrenzgedankens, den die Teilnehmenden während des Spiels zeigten, war das Spielergebnis („wer hat gewonnen") an den meisten Spieltischen am Ende völlig nebensächlich – die Diskussion zu einzelnen Aufgaben wurde hingegen im Nachgang noch weitergeführt. Von einigen Spielenden wurde hervorgehoben, dass sie, gerade durch die Diskussion der Inhalte in der Gruppe, bestimmte Themen nach dem Spiel viel besser verstanden hätten als vorher. Insbesondere die immer wieder andere Weise, in der die Teilnehmenden sich gegenseitig Aspekte der Vorlesung erklärten, führte laut ihren Aussagen zu einer deutlich besseren Aufmerksamkeit und Aufnahme der Inhalte – allein schon durch die verschiedenen Stimmen und individuelle Wortwahl .

An einem Tisch, an dem Teilnehmende spielten, die deutlich unterschiedlich vorbereitet waren war eine geringe Spielmotivation festzustellen. Im Rahmen dieser Durchführung gab es außerdem zwei Studierende, die das „Spielen" für sich als unangenehm empfanden und sich ausklinkten, um sich „klassisch" vorzubereiten.

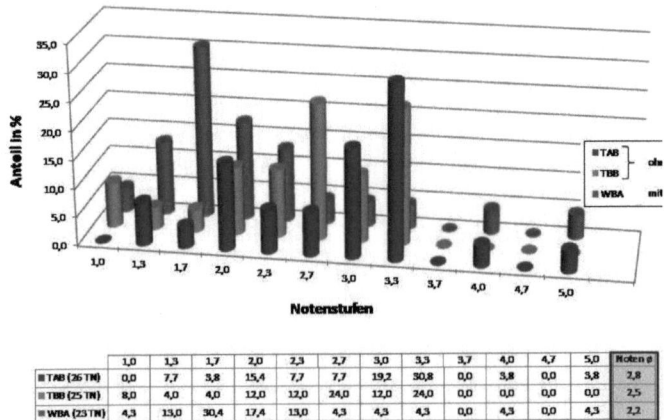

	1,0	1,3	1,7	2,0	2,3	2,7	3,0	3,3	3,7	4,0	4,7	5,0	Noten ø
TAB (26 TN)	0,0	7,7	3,8	15,4	7,7	7,7	19,2	30,8	0,0	3,8	0,0	3,8	2,8
TBB (25 TN)	8,0	4,0	4,0	12,0	12,0	24,0	12,0	24,0	0,0	0,0	0,0	0,0	2,5
WBA (25 TN)	4,3	13,0	30,4	17,4	13,0	4,3	4,3	4,3	0,0	4,3	0,0	4,3	2,2

Abb. 9:   Vergleich der Klausurergebnisse der Vorlesungen mit (WBA) und ohne (TAB, TBB) Spieldurchführung.

Die Klausurergebnisse der Spielteilnehmenden waren zwischen 0,3 und 0,6 Notenstufen besser als in den Studiengängen, die dieselbe Klausur ohne die spielerische Vorbereitung schrieben (s. Abb. 8). Allerdings muss berücksichtigt werden, dass die beiden Vergleichsgruppen zwar die gleiche, nicht aber dieselbe Vorlesung – wenn auch beim gleichen Dozenten – besuchten und einen leicht unterschiedlichen fachlichen Hintergrund hatten.

6. Fazit und Ausblick

Planspiele eignen sich sehr zur Vorbereitung auf Wissens-, vor allem aber Transferfragen von Klausuren. Das Spielen schafft eine Umgebung, die sehr rasch den Lerncharakter vergessen lässt.

Die Studierenden können schnell erkennen, wo sie noch fachliche Defizite haben und diese Lücken oft bereits während des Spiels durch Peer-Learning schließen.

Planspiele bieten bei diesem Einsatzzweck neben dem Spaßfaktor und der Überprüfung von Wissen auch eine didaktisch optimale Möglichkeit, sich mit der Anwendung des erlernten Fachwissens zu beschäftigen. Sie bieten sich hier geradezu an - denn sie stellen ein Modell der Realität dar, das in seiner Komplexität stark reduziert werden kann, um den Wissens- und Erfahrungsstand der Teilnehmenden transferbezogen abzufragen. Innerhalb eines vorgegebenen Szenarios werden die Teilnehmenden herausgefordert, verschiede Aspekten des erlernten Wissens spielerisch anzuwenden.

Ein Aspekt, der bei der Auswahl der Spielenden berücksichtigt werden muss ist, dass die Wissensunterschiede nicht zu gravierend sein dürfen, um über eine lange Spieldauer sehr kompetitive Spielstände zu gewährleisten und somit ein hohes Motivationslevel zu erreichen.

Wenn das Planspiel zur Klausurvorbereitung innerhalb einer Lehrveranstaltung und nicht zum Selbstlernen der Studierenden zum Einsatz kommt, ist es auch wichtig, den Teilnehmenden weitere Möglichkeiten zur Klausurvorbereitung zu geben – z.B. in Form von Übungsklausuren.

Die Idee, das Spiel durch Studierende entwickeln zu lassen hat sich als sehr erfolgreich erwiesen, da diese Planspielentwicklerinnen und Entwicker viel näher an den „Problemen" stehen, die beim Lernen auftreten. Sie können sich gut in die Zielgruppe hineinversetzen, da sie sich vor ein bis zwei Semestern in der gleichen Situation befanden. Dadurch entstehen kognitiv anspruchsvolle aber zielgruppenorientierte Fragestellungen, wie in einer Studie der Universität von Michigan belegt wurde

(Gonzalez-Cabezas et al., 2015). Neben der nochmaligen Auseinandersetzung mit dem Fachthema des Spiels erwerben aber auch die Planspielentwicklerinnen und Entwickler „ganz nebenbei" weitere Kompetenzen: Das Erstellen eines Spiels erfordert ein hohes Maß an Projektmanagementfähigkeiten, inhaltlich-analytisches Denken, das Erkennen von Wechselwirkungen und die Notwendigkeit, komplexe Zusammenhänge kurz und klar darzustellen zu können.

Das Spiel „Ab durchs QM" wird inzwischen an der Weiterbildungsakademie der Hochschule Aalen in berufsbegleitenden Ingenieur- und Wirtschaftsingenieur Bachelorstudiengängen sowie an der Hochschule Esslingen in unterschiedlichen betriebswirtschaftlichen Bachelorstudiengängen genutzt.

Aufgrund des Erfolgs dieses Projekts sowie der Begeisterung der Studierenden soll das Spiel „Ab durchs QM" in einer Adaption auf englischsprachige Masterstudiengänge angepasst und das dargestellte Erstellungs- und Nutzungskonzept von Planspielen künftig auch in anderen Fachmodulen weiter erprobt und eingesetzt werden.

Literaturverzeichnis

Freese, M.; Schier, S., Mühlhausen, T. (2018): Computer- oder Brettspiel? In Hühn, C.; Schwägele, S.; Zürn, B.; Bartschat, D.; Trautwein, F.(Hrsg.): Planspiele – Interaktion gestalten. ZMS Schriftenreihe; Bd. 10. Norderstedt: BoD

Fürstenau, B. (2009): Planspiel und Simulation. In: Arnold, K.-H., Sandfuchs, U., Wiechmann, J. (Hg.): Handbuch Unterricht, S. 240-243. Bad Heilbrunn: Klinkhardt

Gonzalez-Cabezas, C.; Anderson, O.; Wright, M.; Fontana, M. (2015): Association Between Dental Student-Developed Exam Questions and Learning at Higher Cognitive Level, Journal of Dental Education, 79 (11) S.1295-1304

Graner, M. (2015): Methodeneinsatz in der Produktentwicklung, 40 S., Frankfurt: SpringerGabler

O'Donnell, A. M.; A. King (1999): Cognitive perspectives on peer learning, 326 S.. Milton Park: Taylor & Francis

Ortino, E. (o.J.): Students Creating Test Questions, http://www.nea.org/tools/tips/Students-Creating-Test-Questions.html. Datum des Aufrufs: 05.05.2019

Industrie 4.0 in Unternehmen

Innovative Lehrveranstaltungen als Startpunkt zur Umsetzung von Industrie 4.0

Rebecca Wolff

Viel zu häufig haben Themen wie Industrie 4.0 und Digitalisierung bisher keinen Einzug in Unternehmen gefunden. Dies ist problematisch, da Industrienationen wie Deutschland den technischen Anschluss verlieren. Der nachfolgende Artikel beschäftigt sich mit der Fragestellung, inwieweit Industrie 4.0 und Digitalisierung über innovationsvermittelnde Lehrveranstaltungen in Unternehmen implementiert werden können. Welche Unterstützung kann geliefert werden? Exemplarisch durchliefen Teilnehmende aus Industrieunternehmen der Weser-Ems-Region in Niedersachsen eine Digitalisierungsveranstaltung. Vorher und nachher wurden sie zum Thema Industrie 4.0 befragt. Im Folgenden wird das Workshop-Konzept erläutert und die Evaluationsergebnisse vorgestellt.

Very often, topics such as Industry 4.0 and digitalization are not introduced in companies. This is problematic because industrialized nations like Germany are falling behind. The following article deals with the extent to which Industry 4.0 and digitalization can be implemented in companies through innovation-imparting courses. What support can be provided? As an example, employees in industrial companies in the Weser-Ems district in Lower Saxony took part in digitalization workshops. They were interviewed before and after the event about Industry 4.0. The following article explains the worshopconcept and the evaluation results.

1.   Hintergrund

Rund 24,1% der 44,3 Mio. Erwerbstätigen in Deutschland sind im produzierenden Gewerbe tätig (vgl. Statistisches Bundesamt, Stand 2017). Dementsprechend
wichtig ist es für Industrieunternehmen und unsere Gesellschaft als Ganzes auf dem
neuesten technischen Stand zu sein. Exemplarisch wurde die Weser-Ems-Region im
Nordwesten Niedersachsens analysiert mit Blick auf kleine und mittlere Unternehmen (KMU)[1]. Untersucht wurde zum einen, ob die Unternehmen den technischen Anforderungen von Industrie 4.0 und Digitalisierung gerecht werden, zum anderen wie
die Unterstützung durch Bildungseinrichtungen wie eine Hochschule für angewandte
Wissenschaft in diesen Bereichen aussehen kann.

Industrie 4.0/Digitalisierung beschreibt eine neuartige Steuerung der gesamten
Wertschöpfungskette von Produkten. Die Wertschöpfung erfolgt verstärkt individua-
lisiert und auf Basis der Verfügbarkeit aller relevanten und digitalisierten Informationen zur Produktion in Echtzeit (vgl. Bitkom e. V.).

Grundsätzlich lässt sich feststellen, dass die Unternehmen Industrie 4.0 noch nicht
vollständig umgesetzt haben und speziell die Weser-Ems-Region im Vergleich zum
Rest Deutschlands einen Rückstand aufweist.

So haben sich laut dem Industrie 4.0 Index 2018 neun Prozent hauptsächlich aus
dem Maschinen- und Anlagenbau der Elektro- und Automobilindustrie noch nicht mit
Industrie 4.0 beschäftigt und 24 Prozent befinden sich in der Beobachtungs- und Ana-
lysephase des Themas Smart Factory (Staufen.AG 2018, S. 11)[2]. Im Bereich Weser-
Ems-Region haben sich laut Studie im Jahr 2017 nur 46,67% der Befragten bereits mit
Industrie 4.0 beschäftigt (vgl. Schleuter, Wolff, Janning 2017, S. 11).

---

[1]   Die Einteilung nach KMU (Kleine und mittlere Unternehmen) und Großunternehmen wurde über die Schwellenwerte der EU vorgenommen, deren Definition seit
01.01.2005 lautet: Kleinstunternehmen: bis 9 Beschäftigte und 2 Millionen Euro Jahresumsatz oder Bilanzsumme bis 2 Millionen €/Jahr; Kleinunternehmen bis 49 Beschäftigte und 10 Millionen Euro Jahresumsatz oder Bilanzsumme bis 10 Millionen
€/Jahr; Mittleres Unternehmen bis 249 Mitarbeiter und bis 50 Millionen Euro Jahresumsatz oder einer Bilanzsumme bis 43 Millionen €/Jahr; Institut für Mittelstandsfor-
schung IfM Bonn: KMU Definition der Europäischen Kommission. KMU-Schwell-
werte der EU seit 01.01.2005; online unter: http://www.ifm-bonn.org/definitionen/
kmu-definition-der-eu-kommission/ (Aufgerufen am 09.01.2017). Die Einteilung der
Unternehmen erfolgte nach den Angaben der Unternehmen über ihre Mitarbeiteran-
zahl.
[2]   Befragt wurden 2018 450 Unternehmen aus Deutschland zum Thema Industrie
4.0.

Bedarf besteht somit. In der Weser-Ems-Region wünscht sich mehr als die Hälfte der Unternehmen Unterstützung bei der digitalen Transformation (vgl. Schleuter, Wolff, Janning 2017, S. 14). Wie muss die Unterstützung gestaltet sein, um Themen wie Digitalisierung in Unternehmen voranzutreiben? Die Teilnehmenden der Studie antworteten folgendermaßen:

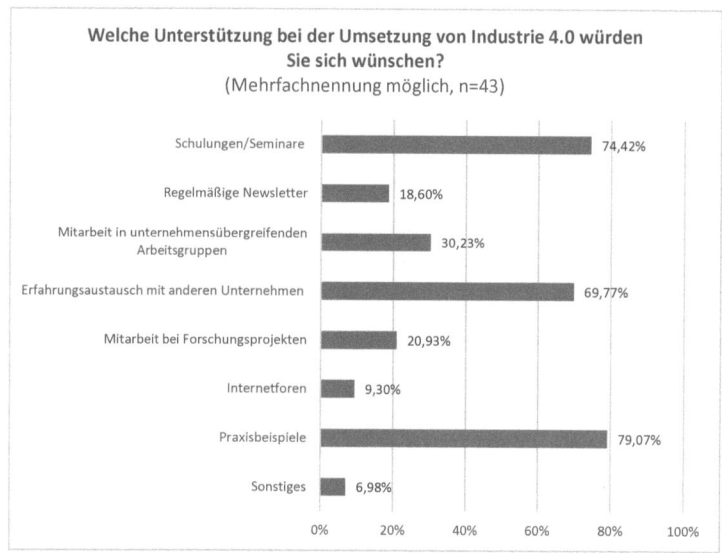

Abb. 1:   Gewünschte Industrie-4.0 Unterstützungsarten seitens der Unternehmen (Schleuter, Wolff, Janning 2017, S. 15)

Drei Favoriten kristallisierten sich heraus (vgl. Abb. 1): Schulungen/Seminare, Erfahrungsaustausch mit anderen Unternehmen und Praxisbeispiele. Alle drei Vermittlungsarten fanden bei der Konzipierung von Unterstützungsangeboten Beachtung. Kombiniert man diese, kommt man zu folgendem Ergebnis:

Die Unternehmen befürworten innovative Lehrveranstaltungen mit Praxisanteil. Dies verkörpern Planspiele und Workshops mit ihrer Verbindung von Praxisanteil und Lehrmaterial. Der Erfahrungsaustausch mit anderen Unternehmen kann hierbei gewährleistet werden durch gleichzeitige Teilnahme mehrerer Personen unterschiedlicher Unternehmen und der Einbindung offener Diskussions- und Austauschrunden. So kann zu Beginn der Veranstaltung die Einbindung eines Planspiels zum gegenseitigen Kennenlernen der Teilnehmenden und deren Unternehmen erfolgen. Im Anschluss kann ein Workshop mit Seminar- und Praxisteil zum Ausprobieren von Industrie 4.0 und Digitalisierungstechniken die Veranstaltung vervollständigen.

Die Unternehmen wünschten sich innovationsvermittelnde Lehrveranstaltungen. Um zu überprüfen, ob derartige Lehrveranstaltungen erfolgreich sind, wurde exemplarisch eine Lehrveranstaltung entwickelt, im Weser-Ems-Gebiet durchgeführt und evaluiert. Nachfolgend wird darauf eingegangen, wie Konzepte hierzu aussehen können.

2. Konzeptaufbau

Nachdem der Bedarf für innovationsvermittelnde Lehrveranstaltungen ermittelt wurde, beschäftigt sich dieses Kapitel damit, wie derartige Veranstaltungen aussehen können. Zu diesem Thema habe ich auch meine Dissertation verfasst, aus der ich im Folgenden u.a. die Evaluationsergebnisse heranziehen werde.

Industrie 4.0 wie auch Digitalisierung gehen einher mit Innovation. Veranstaltungen für Unternehmen sollten deshalb diesen innovationsvermittelnden Aspekt beinhalten und entsprechend konzipiert sein.

Planspiele wie auch Workshops kommen hierfür in Frage. Sowohl ein einzelner Aufbau als auch eine Mischung der Konzepte von Planspielen und Workshops können verwendet werden. Eine entsprechende Veranstaltungsreihe kann z. B. mit einem Planspiel beginnen, das die gemeinsame Ausgangssituation für die Teilnehmenden erfahrbar macht und dann mit einem Workshop fortgeführt werden. Wichtig sind bei der Gestaltung allerdings sowohl die Aspekte der Wissensvermittlung als auch ein hoher Praxisanteil, was im Falle von Industrie 4.0 und Digitalisierung das Ausprobieren von Techniken zur Digitalisierung während der Veranstaltung an Versuchsaufbauten beinhaltet.

Industrie 4.0 und Digitalisierung sind keine Themen, die nur Personen betreffen, die aktiv am Produktionsprozess eines Unternehmens beteiligt sind; Digitalisierung trifft grundsätzlich alle Bereiche eines Unternehmens. Auch in der Ausbildung von Schüler*innen und Studierenden müssen Themen der Digitalisierung berücksichtigt werden, damit diese als spätere Arbeitskräfte bereits das richtige Know-how mitbringen. Entsprechend sollten derartige innovationsvermittelnde Lehrveranstaltungen schon in den Bildungseinrichtungen durchgeführt werden.

Die Veranstaltungen zur Digitalisierung wurden deshalb auch in verschiedenen Gruppen durchgeführt. Um speziell auf den Transfer zwischen Unternehmen und

Hochschulen einzugehen, werden hier die Forschungsergebnisse aus der Forschung mit den Teilnehmenden aus Unternehmen herangezogen.

Die Themen Industrie 4.0 und Digitalisierung sind umfangreich und vielfältig, so kann hierunter sowohl die Digitalisierung innerhalb einer Produktionsstraße verstanden werden, als auch die Digitalisierung innerhalb eines Büros. Es war daher eine Eingrenzung auf eine bestimmte Unternehmenssparte nötig. Ausgewählt wurde der Bereich Logistik.

Dieser ist von enormer Bedeutung. Die Logistik ist nach der Automobilbranche und dem Handel der drittgrößte Wirtschaftsbereich in Deutschland und bietet über drei Millionen Beschäftigten eine Erwerbstätigkeit (vgl. Bundesvereinigung Logistik (BVL) e. V.).

Neben dem Aufbau der Veranstaltung will auch die Länge der Veranstaltung wohlüberlegt sein. Wenige Stunden reichen bei einem derart komplexen Thema nicht aus, wenn die Teilnehmenden Gelegenheit zum Erfahrungsaustausch erhalten sollen. Zu lange Veranstaltungen, die mehrere Tage dauern, sind ebenfalls nicht zu empfehlen, da die Teilnehmenden für diesen Zeitraum aufgrund der Fortbildungsmaßnahme den Unternehmen nicht zur Verfügung stehen. Die durchgeführte Veranstaltung an der Hochschule Emden/Leer betrug zunächst zwei Tage, ein Konzept, das sich zuvor mit Studenten bewährt hatte. Nach der ersten zweitägigen Veranstaltung wurden die Teilnehmenden befragt, ob sie eine zweitägige oder eine noch kompaktere Veranstaltung an einem Tag bevorzugen würden. Die Mehrheit der Befragten wünschte sich eine eintägige Veranstaltung (siehe hierzu auch Tab. 1).

	Ich würde den Tagesworkshop vorziehen	Ich würde den Zweitagesworkshop vorziehen
Evaluationsbogen 2 KMU (n=8)	5 Zusagen (62,50%)	3 Zusagen (37,50%)
Evaluationsbogen 2 Großunternehmen (n=7)	4 Zusagen (57,14%)	3 Zusagen (42,86%)

Tab. 1:   Auswertung der Teilnehmenden nach der ersten Veranstaltung, ob sie einen Tagesworkshop oder Zweitagesworkshop bevorzugen würden

Zukünftige Veranstaltungen wurden entsprechend dieser Ergebnisse angepasst. Dies konnte u. a. durch eine erhöhte Stundenanzahl für den Tag erreicht werden. Hierbei wurde besonders darauf geachtet, dass den Teilnehmenden nach wie vor sämtliche Praxistechniken vorgestellt wurden und sie diese auch ausprobieren konnten.

Der Schwerpunkt der Veranstaltung lag auf Technikanwendungen zur Digitalisierung eines Lagers und einer Produktionslinie, sowohl erläuternd in Seminarform als auch mit praktischem Ausprobieren vorliegender Techniken (Einzelheiten zu den Techniken siehe Kapitel 3). Der Veranstaltungsteil wurde als Workshop konzipiert. Über Gesprächsrunden erfolgte der Erfahrungsaustausch zwischen den Teilnehmenden aus den Unternehmen.

Zu Beginn der Veranstaltung kann ein Planspiel, z. B. das Planspiel „Abenteuerreise Kompetenzentwicklung", von Daniel Bartschat und Sebastian Schwägele durchgeführt werden. Dies könnte so angepasst werden, dass die Teilnehmenden sich sowohl über die Ausgangssituation in ihrem Unternehmen bezüglich Industrie 4.0 und Digitalisierung, als auch ihrer Ziele bezüglich dieser Themen bewusstwerden (vgl. Duale Hochschule Baden-Württemberg Stuttgart 2018; Bartschat, Schwägele 2018).

Auch Gemeinsamkeiten zwischen den einzelnen Unternehmen und Teilnehmenden könnten in dieser Phase herausgearbeitet werden.

Die Veranstaltung begann mit einem fünfzehnminütigen Impulsreferat zum Thema Innovation. Nach der Innovationspräsentation begann der eigentliche Workshop. Hierbei handelte es sich um einen Technikworkshop, der die drei genannten Punkte Seminar, Praxis und Erfahrungsaustausch beinhaltete. Auf den Inhalt des Workshops wird im nachfolgenden Kapitel eingegangen.

3. Inhalte der exemplarischen innovationsvermittelnden Lehrveranstaltung für Logistik 4.0

Wie bereits erwähnt, stand bei der beschriebenen Veranstaltungsreihe an der Hochschule Emden/Leer eine Logistik 4.0 Workshop-Reihe im Mittelpunkt. Ein wesentlicher Inputgeber war hier auch Professor Dr. Dirk Schleuter.

Der Tag der Veranstaltung begann jeweils mit dem bereits beschriebenen Vortrag zum Innovationsverständnis.

Innovation lässt sich messen z. B. über Innovationsmesstools. Hierbei werden entsprechende Fragen zum Thema Innovation gestellt. Die Antworten werden skaliert und ermöglichen so eine Bewertung des Innovationsverhaltens. Unternehmen können Innovationsmesstools selbst anwenden und so ihre Innovationsfähigkeit messen.

Innovationsmessung war bei den Teilnehmenden bisher kein Thema. Auf Nachfrage gab keiner der Teilnehmenden an, bereits selbst ein Innovationsmesstool verwendet zu haben. Diese Einstellung verbesserte sich nach den Workshops. So konnten einige der Teilnehmenden für das Thema sensibilisiert werden und gaben an, sich auch in Zukunft eine Selbstevaluation zum Thema Innovationsverhalten vorstellen zu können.

Aus den Ergebnissen der Innovationsmessung konnte im Rahmen der Dissertation ein Innovationsmesstool mit Vergleichswerten für die Weser-Ems-Region erstellt werden, welches auch online zur Verfügung steht (alle Unterlagen zu der Veranstaltung und dem Innovationsmesstool in der Weser-Ems-Region können unter https://www. hs-emden-leer.de/index.php?id=3149&no_cache=1 (zuletzt geprüft am 20.01.2020) aufgerufen werden).

Nach der Einleitung wurden die Workshops durchgeführt. Die Teilnehmenden konnten sich in Fragerunden nach jedem Abschnitt austauschen. Themen waren Kommissionierung, Shopfloor und RFID (Radio Frequency Identification) bzw. Barcode. Erstes Thema war die Kommissionierung im Lager.

Bei der Kommissionierung werden ausgewählte Teile aus einer Gesamtmenge entnommen und auf einzelne Aufträge verteilt (vgl. ten Hompel, Sadowsky, Beck 2011, S. 4).

Abb. 2:   Aufbau Kommissionier-Workshop an der Hochschule Emden/Leer

Kommissionierung wird unterschieden nach verschiedenen Systemtypen. Eine Unterteilung findet statt zwischen ‚Ware-zur-Person' und ‚Person-zur-Ware'. In der Veranstaltung wurde im praktischen Teil ‚Person-zur-Ware' ausprobiert, da dies in Unternehmen häufiger vorkommt als ‚Ware-zur-Person' (vgl. Gudehus 2012, S. 719ff.).

Der Systemtyp ‚Ware-zur-Person' wurde mit Videomaterial und Präsentationsfolien erläutert. Nach der Erläuterung wurde bezüglich ‚Person-zur-Ware' zunächst die Vorgehensweise über ‚Pick-by-List' erläutert, bei der über eine Papierliste kommissioniert wird ohne Digitalisierung. Dies konnten die Teilnehmenden selbst ausprobieren. Hierzu wurden vier Kommissionier-Regale angeschafft und befüllt, sodass die Teilnehmenden mit Kommissionier-Wägen drei Aufträge selbst kommissionieren konnten. Die vier Regale waren alle gleich aufgebaut mit gleichem Pickgut, um die Teilnehmenden in kleine Gruppen einteilen zu können, mit jeweils gleichem Content. Nach einem Testlauf wurden die Teilnehmenden gebeten, die Aufträge zu kommissionieren und sich dabei gegenseitig mit Tablets zu filmen, um nachfolgend in Gruppenarbeit die Kommissionier-Zeiten und Kommissionier-Fehler auszuwerten.

Nach der Vorstellung der ersten Ergebnisse zu ‚Pick-by-List' erfolgte eine Erläuterung der vier praktischen Techniken zur Digitalisierung, die in dieser Veranstaltung Verwendung fanden. Hierzu wurden die Techniken ‚Pick-by-Vision' (Kommissionierung erfolgt über Headset-Einblendungen), ‚Pick-by-Voice' (Kommissionierung erfolgt über Sprachanweisungen und -eingaben), ‚Pick-by-Scan' (Kommissionierung erfolgt über Handheldgerät mit Barcodescanner und Barcodes) und ‚Pick-by-Light' (Kommissionierung erfolgt über Lichtzeichen an den Regalen) erläutert. Nach der Einführung probierten alle Teilnehmenden die digitalen Techniken aus. Anschließend erfolgte wieder eine Vergleichsrunde mit Aufträgen und Gruppenarbeit zur Berechnung der Kommissionier-Zeiten und Kommissionier-Fehler, um die Techniken gegenüberzustellen. Auch über Vor- und Nachteile abseits der Geschwindigkeit bei der Kommissionierung wurde zusammen diskutiert.

Im Anschluss an den Kommissionier-Teil folgte der Shopfloor Workshop. Dieser geht auf Zusammenhänge von Lean Management und Industrie 4.0 ein.

Industrie 4.0 bietet in Kombination mit Lean Management ein besonderes Optimierungspotenzial, da beide Ansätze versuchen, die Komplexität im Unternehmen zu bewältigen (vgl. Bick 2014, S. 1).

Den Teilnehmenden wird zunächst über eine Präsentation und Beispielvideos vermittelt, wie Shopfloor Management und Shopfloor Boards im speziellen funktionieren. Als Praxisteil bekamen die Teilnehmenden die Möglichkeit, sich an einer aufgebauten nicht digitalisierten Beispiel-Endmontage zu versuchen.

Aufgabe war es, zu erfassen, wie Shopfloor Boards aussehen können und erstellt werden. Im Anschluss hieran wurde den Teilnehmenden eine digitalisierte Version des Shopfloors vorgestellt. Hierzu wurde die Beispiel-Endmontage u. a. mit ‚Pick-by-Light' im Lager und RFID-Technologie an den Arbeitsplätzen ausgestattet. Jedes Produkt verfügte in der Folge über einen RFID-Tag mit den Daten über seine vorgesehene Verwendung und konnte deshalb genau zugeordnet werden. Über Tablets mit entsprechender Software konnten nun Arbeitsanweisungen aufgerufen werden. Durch das digitalisierte Shopfloor Board konnten Produktionsdaten in Echtzeit aufgerufen werden. Nach erfolgreicher Scannung und Kontrolle standen auch die Qualitätskennzahlen zur Verfügung. Dann folgte eine Diskussion über die vorgestellten Techniken und die Einsatzmöglichkeiten im eigenen Unternehmen.

Anschließend wurde die Technik RFID vertieft. Es wurden sowohl die RFID-Technologie als auch die Barcodetechnologie erläutert und gegenübergestellt. Praktisch erfolgte eine Pulk-Lesung mit RFID, bei der beispielhaft Kisten mit RFID-Tags ausgestattet durch ein RFID-Gate geschoben wurden. Dies ermöglicht ein gleichzeitiges Einlesen aller Waren von z. B. einer Palette, die mit RFID-Tags ausgerüstet sind. Demgegenüber wurde klassisch eine Barcodescannung durchgeführt, bei der die Waren, in diesem Fall Kisten, einzeln mit einem Barcodescanner gescannt wurden. Die RFID-Lösung erwies sich als schneller, allerdings gibt es bei RFID und Barcode noch weitere Vor- und Nachteile, auf die ebenfalls eingegangen wurde. Als eine Erweiterung wäre auch eine klassische Einlesung von z. B. einem Wareneingang mit einer Papierliste denkbar. Aus Zeitgründen wurde hierauf verzichtet. Die Nutzwertanalyse wurde kurz erläutert, um den Teilnehmenden ein Tool mitzugeben, mit dem sie Techniken für ihr Unternehmen gegenüberstellen können.

Abschließend erfolgte ein gemeinsames Abschlussgespräch. Die Teilnehmenden wurden aufgefordert auf Kärtchen zu notieren, was sie aus dem Workshop mitnehmen und sich im eigenen Unternehmen vorstellen können, umzusetzen. Diese Kärtchen wurden an einer Metaplanwand gesammelt und diskutiert.

An dieser Stelle hätte zusätzlich auch ein Planspiel wirken können, das einen reflektierenden Hintergrund hat. So hätten z. B. Moderationsbälle von Metalog© zusätzlich eingesetzt werden können. Auch hätte, wenn zu Beginn der Veranstaltung das Planspiel „Abenteuerreise Kompetenzentwicklung" durchgeführt worden wäre, dieses zur Abschlussmoderation erneut herangezogen werden können.

Nach der Vorstellung der innovationsfördernden Veranstaltungsreihe werden im nachfolgenden Kapitel die Evaluationsergebnisse vorgestellt.

4. Evaluation der Veranstaltungsreihe und Ergebnisdarstellung

Die Teilnehmenden bekamen einen Fragebogen zur Evaluation bestehend aus drei Teilen: Der erste Teil beinhaltete eine Kategorisierung der Teilnehmenden z. B. nach Unternehmensbereich und Unternehmensgröße. Im zweiten Teil folgten Fragen zum Thema Industrie 4.0 und zu den Workshops. Der dritte Teil umfasste das Innovationsmesstool. Befragt wurden die Teilnehmenden insgesamt drei Mal; zu Beginn der Veranstaltung, wie beschrieben, zwei Wochen nach der Veranstaltung für erste Veränderungen im Verhalten und ein halbes Jahr später, um längerfristige Veränderungen zu evaluieren und zu sehen, ob bereits neue Techniken zur Digitalisierung in den Unternehmen geplant oder umgesetzt wurden.

Die erste Evaluation fand während des Workshops als Papierevaluation statt, die zweite und dritte Evaluation fanden jeweils als E-Mail-Befragung mit PDF-Anhang statt. Die Teilnehmenden beantworteten geschlossene Fragen durch Anklicken und konnten in offenen Fragen eigene Antworten formulieren. Zur genaueren Differenzierung von Gruppen sind die Ergebnisse der Teilnehmenden unterteilt in KMU und Großunternehmen.

Nachdem festgestellt werden konnte, dass Industrieunternehmen beim Thema Digitalisierung sowohl Unterstützung benötigen als auch wünschen, wird im Folgenden u. a. betrachtet, ob es nach dem Workshop zu mehr Umsetzungsprojekten und einer veränderten Betrachtung von Innovation durch die Innovationsveranstaltung kam. Die Teilnehmenden wurden befragt, ob sie sich nach der Veranstaltung über weitere Möglichkeiten der Digitalisierung informiert hätten (vgl. Abb. 3). Dies wurde mit großer Mehrheit bejaht. Es kann also festgestellt werden, dass die Innovationsveranstaltungen eine Auseinandersetzung mit Industrie 4.0 angeregt hatten.

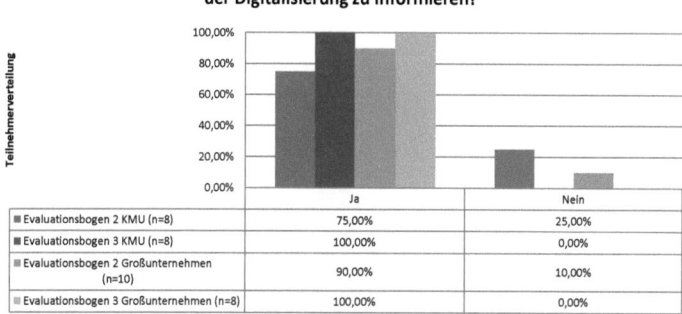

Abb. 3:   Ergebnisse aus den Evaluationen: Anregung zur weiteren
          Recherche bei den Teilnehmenden

Die Frage in den Evaluationsbögen zwei und drei, ob die Teilnehmenden die
Workshops für ein geeignetes Mittel hielten, um Digitalisierung für Innovation zu
vermitteln, wurde in allen Evaluationsrunden fast vollständig bejaht (vgl. Abb. 4).
Auch die Frage, ob Workshops ein geeignetes Mittel seien, um auf Techniken der
Digitalisierung aufmerksam zu machen, wurde über die Evaluationsrunden hinweg
mit großer Mehrheit bejaht.

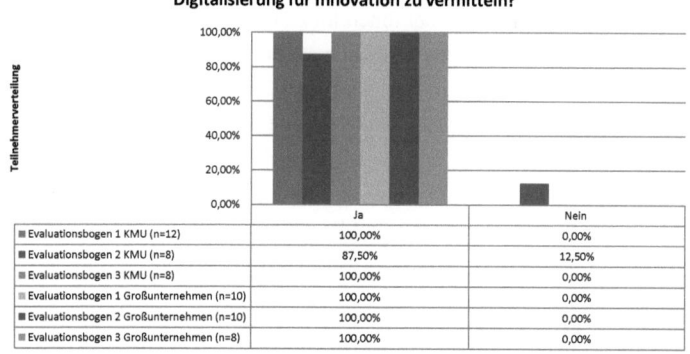

Abb. 4:   Ergebnisse aus den Evaluationen: Workshops als geeignetes Mittel
          zur Innovationsvermittlung

Dies führte zu der Frage, ob auch tatsächlich Maßnahmen zur Einführung digitaler Techniken geplant und angestoßen wurden (vgl. Abb. 5).

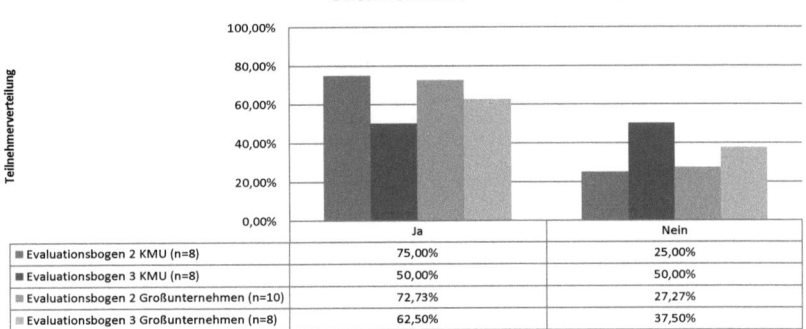

Abb. 5: Ergebnisse aus den Evaluationsbögen: Planung Einführung neuer
         Techniken zur Digitalisierung im Unternehmen

Dies wurde von den Teilnehmenden mehrheitlich bejaht. Im Zeitverlauf hin zur
dritten Evaluation (ein halbes Jahr nach den besuchten Veranstaltungen) gingen die
Planungen leicht zurück, speziell bei den KMU. In diesem Zusammenhang war es
wichtig, dass die Teilnehmenden auch die Fähigkeit erhielten, die Situation richtig
einzuschätzen. So sollte eine Digitalisierung von Prozessen nur erfolgen, wenn sie
einen wirtschaftlichen und bzw. oder produktionstechnischen Vorteil einbringt. So
mussten sich die Teilnehmenden nach den Veranstaltungen erst damit beschäftigen,
wie Digitalisierungsmaßnahmen bei ihnen im Unternehmen umgesetzt werden können und sich über die Kosten dieser Maßnahmen informieren. Speziell für KMU stellte dies eine Herausforderung dar. Zur genaueren Analyse wurden die Teilnehmenden befragt, die keine Maßnahmen planten, was der Planung entgegenstehe. Speziell
KMU gaben als Gründe fehlende finanzielle Mittel, Probleme bei Prozessanbindun-
gen und Personalmangel an. Die Veranstaltung half hier, die Situation einzuschätzen
und zu beurteilen, welche Maßnahmen zur Digitalisierung geboten und machbar sind.

Abschließend war die Frage, ob die Veranstaltung nicht nur dazu beigetragen
habe, Projekte zur Digitalisierung zu planen, sondern ob durch die Veranstaltung auch
Techniken zur Digitalisierung in den Unternehmen eingeführt wurden. Nach einem
halben Jahr wurden die Teilnehmenden gefragt, ob aufgrund der Teilnahme an der
Veranstaltung Maßnahmen zur Digitalisierung durchgeführt wurden.

Von den Befragten gaben in der dritten Evaluation 50% der KMU an, dass die
Veranstaltung dazu beigetragen hat, neue Techniken bzw. Innovationen im Unterneh-

men einzuführen. Bei den Großunternehmen mit mehr personellen und finanziellen Mitteln waren es sogar 62,5%.

Somit sind innovationsvermittelnde Lehrveranstaltungen ein geeignetes Mittel, um Unternehmen auf Themen wie Industrie 4.0 und Digitalisierung vorzubereiten. Projekte zur Digitalisierung wurden entsprechend umgesetzt. Auch das Innovationsverhalten verbesserte sich, u. a. konnten sich hinterher viele Teilnehmende vorstellen, in Zukunft selbst ein Innovationsmesstool zu verwenden.

Ebenfalls verbesserte sich die Zusammenarbeit mit Hochschulen. Hochschulen können als Bildungseinrichtungen mit derartigen Veranstaltungen zur Förderung der eigenen Region aktiv beitragen. Die Mehrheit der Teilnehmenden befürwortete es, wenn es mehr Angebote dieser Art von Hochschulen gäbe. So würden die Unternehmen zum einen von dem Digitalisierungstransfer profitieren, zum anderen die Hochschulen davon, wenn in ihrer Region die Unternehmen aktiver an den Hochschulen auf Karrieretagen präsent sind und die Studierenden entsprechend in der Region der Hochschule z. B. Praktikumsplätze oder später auch Arbeitsplätze finden und die Hochschule somit für die Studierenden attraktiver wird. Auch die Unternehmen profitieren von den näher an der Praxis ausgebildeten Studierenden, wenn die Hochschulen mit den Unternehmen zur Digitalisierung zusammenarbeiten und z. B. Projekte mit Studierenden in Unternehmen durchführen.

Innovationsvermittelnde Lehrveranstaltungen an Hochschulen für Unternehmen sind als Erfolg zu werten.

5.   Fazit aus der Veranstaltungsreihe

In Anbetracht des Erfolgs der Lehrveranstaltungen sollten zukünftig mehr Veranstaltungen zur Innovationsförderung für Unternehmen zur Verfügung stehen. Sowohl Bildungseinrichtungen als auch Unternehmen profitieren von derartigen Angeboten.

Zur Umsetzung ist der Zeitumfang von nur einem Tag zu beachten. Workshops müssen entsprechend aus einem Seminarteil und einem Praxisteil bestehen, bei dem Digitalisierungstechniken live erprobt werden können. Ein Erfahrungsaustausch zwischen den Teilnehmenden muss möglich sein.

Von besonderer Bedeutung ist auch die Zusammensetzung der Teilnehmenden; so sollten sowohl Führungskräfte als auch Mitarbeitende aus den Unternehmen teilnehmen. Dies zeigte sich in den Workshops als besonders effektiv zur späteren Einführung von neuen Techniken zur Digitalisierung in den Unternehmen.

Als Ausblick für weitere Veranstaltungsthemen bieten sich zudem Digitalisierungsworkshops speziell für die Betriebsräte der Unternehmen an. Diese wurden von vielen Teilnehmenden, speziell von Großunternehmen, als ein Hindernis bei der Einführung von neuen Techniken gesehen, da diese u. a. eine Überwachung der Arbeitnehmer*innen fürchten. Eine bessere Aufklärung für Mitglieder des Betriebsrates über innovative Techniken sahen die Teilnehmenden deshalb als wünschenswert an.

Als Best-Practice-Beispiel zum Aufbau einer solchen Veranstaltung kann die vorliegende Veranstaltung gesehen werden. Abschließend können innovationsvermittelnde Veranstaltungen somit als Erfolg gewertet werden.

Literaturverzeichnis

Bartschat, Daniel; Schwägele, Sebastian (2019): Abenteuerreise Kompetenzentwicklung. 06.03.2019. Verfügbar unter: https://playful-insights.de/abenteuerreise/ (zuletzt geprüft am 09.01.2020).

Bick, Werner (2014): Warum Industrie 4.0 und Lean Management zwingend zusammengehören. VDI-Z 156, Nr. 11, S. 46-47. Verfügbar unter: https://www.roi.de/ fileadmin/user_upload/presse/2014_11_VDI-ZB880_ROI-Management.pdf (zuletzt geprüft am 09.01.2020).

Bitkom e.V.: Was Industrie 4.0 (für uns) ist. Verfügbar unter: https://www.bitkom. org/Themen/Digitale-Transformation-Branchen/Industrie-40/Was-ist-Industrie-40-2. html (zuletzt geprüft am 22.02.2020).

Bundesvereinigung Logistik (BVL) e.V.: Logistikumsatz und Beschäftigung, Bedeutung der Logistik für die deutsche Wirtschaft. Verfügbar unter: https://www. bvl.de/service/zahlen-daten-fakten/umsatz-und-beschaeftigung (zuletzt geprüft am 09.01.2020).

Duale Hochschule Baden-Württemberg Stuttgart (Hg.) (2018): Impulse beim SAGSAGA Netzwerktreffen in Emden. Verfügbar unter: https://zms.dhbw-stuttgart.de/das-zms/details/2018/10/02/impulse-beim-sagsaga-netzwerktreffen-in-emden/247/ (zuletzt geprüft am 09.01.2020).

Gudehus, Timm (2012): Logistik 2. Netzwerke, Systeme und Lieferketten. Studienausgabe der 4. Aufl. Heidelberg: Springer Vieweg.

Schleuter, Dirk; Wolff, Rebecca; Janning, Nora (2017): Studie über Lean Management und Industrie 4.0 in der Weser-Ems-Region sowie Handlungsbedarf. Emden: Hochschule Emden/Leer.

Statistisches Bundesamt (2017): Zahlen & Fakten, Gesamtwirtschaft & Umwelt, Arbeitsmarkt. Stand 2017. Verfügbar unter: https://www.destatis.de/DE/Zahlen-

Fakten/Indikatoren/LangeReihen/Arbeitsmarkt/lrerw013.html (zuletzt geprüft am 12.01.2018).

Staufen AG (2018): Industrie 4.0. Deutscher Industrie 4.0 Index 2018, Eine Studie der Staufen AG und der Staufen Digital Neonex GmbH. Verfügbar unter: https://www.staufen.ag/fileadmin/HQ/02-Company/05-Media/2-Studies/STAUFEN.-Studie-Industrie-4.0-Index-2018-Web-DE-de.pdf (zuletzt geprüft am 09.01.2020).

ten Hompel, Michael; Sadowsky, Volker; Beck, Maria (2011): Kommissionierung. Materialfusssysteme 2 – Planung und Berechnung der Kommissionierung in der Logistik. Heidelberg: Springer Verlag.

Wolff, Rebecca (2019): Logistik 4.0 in der Weser-Ems-Region (07/2019). Verfügbar unter:

https://www.hs-emden-leer.de/index.php?id=3149&no_cache=1 (zuletzt geprüft am 09.01.2020).

Autor*innen

Markus Bresinsky

Prof. Dr. Markus Bresinsky studierte Politikwissenschaften (Westf. Wilhelmsuniversität Münster). Nach zweijähriger Tätigkeit als freiberuflicher Berater und Analyst promovierte er mit einer interdisziplinären Arbeit zur Computersimulation sicherheitspolitischer Entscheidungen. Nach einer 7-jährigen Anstellung als Programm Manager bei der Industrieanlagen und Betriebsgesellschaft mbH in der Abteilung Human Factor übernahm er im Jahr 2010 die Professur im Lehrgebiet Internationale Politik und Sozialwissenschaften an der TH Regensburg. Er entwickelt dort Planspiele und Stabsrahmenübungen für die praxisorientierte Lehre und angewandte Forschung.

Angelika C. Bullinger-Hoffmann

Seit 2012 Inhaberin der Professur Arbeitswissenschaft und Innovationsmanagement an der TU Chemnitz, Schwerpunkten Innovation Engineering, Mensch-Technik-Interaktion und strategisches Technologiemanagement. Sie leitet seit über 10 Jahren Forschungsprojekte in Kooperation mit der Industrie. Forschungsergebnisse wurden in über 150 Publikationen veröffentlicht. Neben der akademischen Arbeit engagiert sie sich in der Start-up-Beratung sowie durch Praxisvorträge und Lehre an deutschen und internationalen Universitäten im Bereich der Executive Education. Seit 2017 ist Prof. Dr. Bullinger-Hoffmann im Aufsichtsrat der Paul Hartmann AG tätig.

Michael Dietrich

Michael Dietrich ist Master of Arts (Management) (DHBW Karlsruhe, Tongji Universität Shanghai, Wissenschaftliche Hochschule Lahr). Er sammelte Erfahrungen als Gründer und Abteilungsleiter der Sparkasse Pforzheim Calw. Seit 2020 ist er Senior Consultant & Projektleiter bei der targens GmbH in Stuttgart. Er ist Trainer in den Bereichen Controlling, Unternehmensführung, strategisches Bank- und Risikomanagement (DHBW Stuttgart, HS Pforzheim, Sparkassenstiftung für internationale Kooperation).

Torsten Forberg

Torsten Forberg studierte BWL-Bank an der Berufsakademie Sachsen und Wirtschaftspädagogik an der TU Dresden. Seit 1997 ist er freiberuflicher und angestellter Dozent für BWL und Trainer für Nachwuchsführungskräfte. Er promovierte zum Thema Motivation und Lernerfolg in Unternehmensplanspielen. Der Schwerpunkt der praktischen und wissenschaftlichen Tätigkeit liegt beim Einsatz von Wirtschaftssimulationen und der didaktischen Konzeption entsprechender Lehr-Lern-Arrangements für angehende Betriebswirte und Nicht-Kaufleute. 2017 wurde er zum Professor für Allgemeine BBWL an der Berufsakademie Sachsen berufen und lehrt vorwiegend in Sachsen, Berlin und Hamburg.

Maria Freese

Maria Freese (*1989) studierte von 2008 bis 2013 Psychologie mit Schwerpunkt Mensch-Technik-Interaktion an der Otto-von-Guericke Universität in Magdeburg. Im Anschluss an ihr Studium war sie am Institut für Flugführung (ATM-Simulation) des Deutschen Zentrums für Luft- und Raumfahrt e.V. (DLR) in Braunschweig als Doktorandin tätig. Seit Anfang 2018 ist sie an der Technischen Universität Delft in den Niederlanden tätig. Ihr Aufgabengebiet umfasst u. a. die Entwicklung und den Gebrauch von Planspielen, um komplexe Systeme (z. B. Biotechnologie oder Luftfahrt) zu analysieren.

Silke Geithner

Prof. Dr. Silke Geithner studierte Wirtschaftspädagogik an der TU Chemnitz und ist seit 2018 an der Evangelischen Hochschule Dresden als Professorin für Führung und Organisation in der Sozial- und Gesundheitswirtschaft sowie als Geschäftsführerin des dortigen Zentrums für Forschung, Weiterbildung und Beratung tätig. Davor war sie als wiss. Mitarbeitern an der TU Chemnitz und TU Dresden tätig, wo sie promovierte und habilitierte. Seit 2019 ist sie Mitglied im Vorstand der SAGSAGA. Ihre Arbeits- und Forschungsfelder beschäftigen sich mit Fragen des Wandels der Arbeit und neuen Arbeitsformen.

Heide K. Lukosch

 Assoc. Prof. Dr. Heide Lukosch studierte Theater-, Film-, und Fernsehwissenschaften, Germanistik und Soziologie an der Ruhr-Universität Bochum und promovierte an der Fernuniversität Hagen. Von 2008 bis 2019 war sie u. a. als Associate Professor an der TU Delft tätig. Sie leitete dort das Gamelab und hat in dieser Zeit mehr als 20 analoge und digitale Spielsimulationen entwickelt und in Forschung und Lehre eingesetzt. Seit 2019 ist sie Associate Professor der Universität von Canterbury in Christchurch und leitet dort die Applied Immersive Gaming Iniatitive. Sie ist Associated Editor des Simulation & Gaming Journals, Mitglied des Beirates von SAGSAGA und Vorstandsmitglied der ISAGA.

Stephan Rometsch

 Prof. Dr. Stephan Rometsch hat Studium und Promotion im Fach Volkswirtschaftslehre an der Freien Universität Berlin abgeschlossen. Seit 1999 ist er Dozent und Studienrichtungsleiter für „International Business Administration" an der Berufsakademie Eisenach. Seine Themenschwerpunkte sind angewandte Mikroökonomik und Spieltheorie, hierbei Themen sozialer Interaktion, insbesondere bei Marktversagen. Außerdem integriert er interaktive Ansätze in der Lehre und entwickelt bestehende Planspiele weiter für digitalen Datenaustausch.

Simon Tiemersma

 Simon Tiemersma studierte Architektur an der Technischen Universität Delft. In seiner Abschlussarbeit nutze er Spielelemente für das Re-Design eines grossen Einkaufszentrums im urbanen Raum. Seitdem ist er verbunden an das Gamelab der Universität, in dem er als Teamleiter tätig ist. Simon arbeitet zusammen mit den Forscherinnen, Lehrenden und Studierenden der Universität, und entwickelt mit und für sie zahlreiche Spiele. Auch für Industriepartner hat Simon schon erfolgreich mehrere Spielprojekte geleitet. So entstanden unter seiner Führung digitale und analoge Spiele für die Transportindustrie, für Schulen und Universitäten, sowie für die Niederländische Regierung.

Florian von Reusner

 Florian von Reusner studierte International Relations and Management an der Ostbayerischen Technischen Hochschule Regensburg und schloss sein Studium Bachelor of Arts in 2017 ab. Anschließend war er bei FDM Consulting/Firm Fellows GmbH als Consultant für Requirements Engineering, Blended Learning und Seminarkonzeption tätig. Seit Oktober 2018 ist er als Lehrbeauftragter an der Ostbayerischen Technischen Hochschule Regensburg tätig. Er entwickelt dort Stabsrahmenübungen und Planspiele für die praxisorientierte Lehre und angewandte Forschung.

Rebecca Wolff

 Dr. Rebecca Wolff studierte Wirtschaftsingenieurwesen an der Jade Hochschule in Wilhelmshaven und schloss das Studium als Master of Engineering ab. Ihre Promotion zur Doktorin der Ingenieurwissenschaften schloss sie an der Universität Bremen über aktive Lehrveranstaltungen als Vermittlungsmöglichkeit der Digitalisierung und des Innovationsmanagements in Unternehmen ab. Sie ist tätig am Institut für projektorientierte Lehre der Hochschule Emden/Leer. Hier entwickelt und führt sie Planspiele und Workshops aus, speziell für den Bereich Logistik. Sie ist zudem als freie Dozentin im Bereich Logistik tätig.

Susann Zeiner-Fink

 Susann Zeiner-Fink hat an der TU Chemnitz BWL und Wirtschaftspädagogik studiert und arbeitet seit März 2012 an der Professur Arbeitswissenschaft und Innovationsmanagement an der Fakultät Maschinenbau der TU Chemnitz. Seit April 2020 leitet sie das Cluster Competence Engineering der Professur. Ihre thematischen Schwerpunkte liegen in der produktionsnahen Qualifizierung, Methodenentwicklung, Lehr-Lernforschung und im Innovationsmanagement. Im Rahmen ihres Forschungsinteresses hat sie ein eigenes Planspiel entwickelt, dass sie bereits an mehreren Hochschulen, Berufsschulen und in verschiedenen Unternehmen eingesetzt und getestet hat. Zudem befasst sich ihr Promotionsthema mit der Evaluation von Planspielen.

Siegfried G. Zürn

Prof. Dr. Siegfried Zürn ist Dekan der Graduate School der Hochschule Esslingen und Inhaber der act.if® Consulting Group. Seine Lehr- und Forschungsschwerpunkte liegen im Qualitätsmanagement, im Internationalen Projektmanagement sowie in Managementaspekten der Digitalisierung und einer nachhaltigen Produktion. In all diesen Bereichen entwickelt und nutzt er haptische Planspiele und Simulationen. Er promovierte zum Dr. rer. nat. an der Universität München und erwarb einen Master in Business Consulting an der Hochschule Wismar. Vor seiner jetzigen Tätigkeit war Prof. Dr. Zürn mehr als 20 Jahre in Managementfunktionen in unterschiedlichen Industrieunternehmen tätig, u. a. als R&D-Projektleiter, zentraler Qualitätsmanager für mehrere Standorte in Europa und den USA und Werksleiter in Frankreich. Zuletzt war er als Head of Development verantwortlich für ein Regionales Entwicklungszentrum der BASF SE.

Auch in der ZMS-Schriftenreihe erschienen:

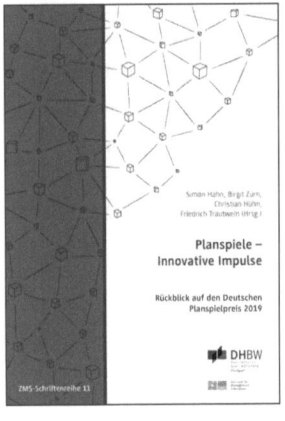

Simon Hahn, Birgit Zürn,Christian Hühn, Friedrich Trautwein (Hrsg.) (2020):

Planspiele – Innovative Impulse. Rückblick auf den Deutschen Planspielpreis 2019.

(ZMS-Schriftenreihe, Bd. 11).

Norderstedt: Book on Demand GmbH.

ISBN: 978-3-7519-7824-8.

Der elfte Band der ZMS-Schriftenreihe widmet sich dem Deutschen Planspielpreis. Ziel dieses Wissenschaftspreises ist es, innovative Ideen und Ansätze zur Planspielmethode interdisziplinär zu vernetzen und damit über die Grenzen der eigenen Disziplin hinaus bekannt zu machen. Dabei steht die Förderung des wissenschaftlichen Nachwuchses im Mittelpunkt. Mit dem Preis soll die Planspielmethode öffentliche Aufmerksamkeit erfahren und bekannter gemacht werden.

Der Band blickt zurück auf die ausgezeichneten Arbeiten. In diesem Band werden zehn Beiträge von Preisträger*innen und ausgesuchten Bewerber*innen des Deutschen Planspielpreises 2019 vorgestellt. Die wissenschaftlichen Arbeiten beleuchten Themen aus den Bereichen der Wirtschaftswissenschaften, Politikwissenschaft und -didaktik, (Wirtschafts-)Pädagogik und der Soziologie.

Die Verleihung des Deutschen Planspielpreises fand 2019 bereits zum sechsten Mal statt. Der Wettbewerb hat sich als feste Größe im wissenschaftlichen Diskurs zum Themenfeld Planspiel etabliert. Der Wettbewerb wird alle zwei Jahre ausgeschrieben, die Preisverleihung ist der Höhepunkt des Festabends bei der größten deutschsprachigen Planspieltagung, dem Europäischen Planspielforum. Auf der Tagung werden die preisgekrönten Arbeiten von den Preisträger*innen vorgestellt.

Alle Sammelbände der ZMS-Schriftenreihe sind im Buchhandel für 24,90 € erhältlich.